# A vida não anda em linha reta

FABÍOLA SIMÕES

# A vida não anda em linha reta

FARO EDITORIAL

Diretor editorial **PEDRO ALMEIDA**
Coordenação editorial **RENATA ALVES**
Editora-assistente **LETÍCIA CANEVER**
Revisão **CARLA SACRATO e BÁRBARA PARENTE**
Imagens de capa e miolo **ADOBE SOTCK | @Al Jawad Mahi, @Aleksandar, @Bassi images, @Beta757, @Bundi, @Creative Image, @Designpics, @Diana, @fusiangkara, @Galina, @German Ovchinnikov, @Konovalov Pavel, @kozerog2015, @Kulsuma, @Mark, @naharcreative, @Naturestock, @Rawpixel.com, @Rezowan, @Sunnydays, @Svetlana, @VectoraVerse, @VETOCHKA**
**FREEPIK | @Volodimir, @freepik**
Capa **LAIS SOUZA**
Projeto gráfico e diagramação **VANESSA S. MARINE**

Dados Internacionais de Catalogação na Publicação (CIP)
Jéssica de Oliveira Molinari CRB-8/9852

Simões, Fabíola
A vida não anda em linha reta / Fabíola Simões. -- São Paulo : Faro Editorial, 2025.
160 p. : il.

ISBN 978-65-5957-858-0

1. Crônicas brasileiras I. Título

25-2869 CDD B869.4

Índices para catálogo sistemático:
1. Crônicas brasileiras

FARO EDITORIAL

1ª edição brasileira: 2025
Direitos de edição em língua portuguesa, para o Brasil, adquiridos por FARO EDITORIAL.
Avenida Andrômeda, 885 - Sala 310
Alphaville — Barueri — SP — Brasil
CEP: 06473-000
www.faroeditorial.com.br

*Para você, que irá partir.*

*Para você, que verá alguém partir.*

*Para você, que não terá para onde voltar.*

*Para você, que permanecerá aqui.*

*Para você, que sempre poderá retornar...*

*Para Bernardo*

*"Há uma rachadura em tudo. É assim que a luz entra"*

Leonard Cohen

# Sumário

# Carta ao Leitor

Em julho de 2006, quando meu filho tinha 3 meses de idade, escrevi uma carta para que ele lesse quando tivesse no mínimo 14 anos. A carta tem 6 páginas, e foi escrita ao longo daquele 3 de julho, de manhã até a noite, intercalada por mamadas, trocas de fralda e muito amor. Ao final, coloquei-a num envelope vermelho, datei e escrevi a observação: "para ler quando tiver mais de 14 anos".

O tempo passou. A vida também.

Havia me esquecido da existência daquela carta, até que, 17 anos depois, fui surpreendida por um choro alto que rompeu o silêncio da casa. Corri até ele, e ali estava meu filho, já rapaz, com o envelope vermelho nas mãos. Nos abraçamos. Ele chorava. Eu também. Naquele instante, compreendi: existe poesia no inesperado.

Hoje se inicia um novo ciclo. Bernardo está com 18 anos e irá cursar faculdade em outra cidade. De certa forma, o mundo que conhecemos tão bem irá acabar, e outro, igualmente bonito, está prestes a começar. Foi então que me dei conta — mais uma vez — de que a vida não anda em linha reta.

Ela serpenteia, dobra esquinas, tece enredos que a gente jamais imaginou. A gente se despede e se reencontra, ama e se frustra, acerta e erra — tudo no mesmo compasso desordenado que nos faz crescer.

É por isso que este livro existe.

Porque os caminhos que mais nos transformam quase nunca são os mais óbvios.

Porque às vezes o que parecia fim, era só curva.

Porque há beleza nos desvios.

E porque, mesmo quando tudo parece incerto, a vida recomeça.

Recomeça quando o telefone toca, a mensagem chega, o abraço reseta a dúvida. Recomeça quando a gente acorda com saúde, o filme preferido estreia no *streaming*, o voo não atrasa, a bagagem aterrissa intacta. Recomeça quando a leitura flui, o trabalho recompensa, o sorriso dispersa a dor. Recomeça quando estendo minha mão aqui e você a toca, tão gentilmente, do outro lado. Recomeça, principalmente, quando percebemos que não estamos sozinhos.

Assim, dedico este livro a você, que irá partir. A você, que verá alguém partir. A você, que não terá para onde voltar. A você, que permanecerá aqui. A você, que sempre poderá retornar...

Obrigada por chegar até aqui comigo! Boa leitura!
Com amor,
**Fabíola**

PARTE I

# A vida não anda em linha reta (resiliência)

# A vida não anda em linha reta

Aceitemos: enquanto não fizermos as pazes com a desordem das coisas, estaremos sempre em conflito com O Inesperado e O Imprevisível.

Tem dias em que a vida se ajeita feito lençol bem esticado. A casa acorda em silêncio; o cabelo colabora; o pão tosta na medida certa; os ovos não grudam na frigideira. A blusa preferida, lavada e passada, te espera como um abraço; o trânsito flui; o elevador vem vazio e o café da firma está no ponto certo. A entrega chega antes do previsto; a mensagem que você tanto queria, também. O espelho devolve uma imagem amiga; você recebe um elogio inesperado e até a previsão do tempo acerta — sol com ventinho bom.

Mas há dias em que a vida entorta. Você acorda atrasada, derruba o shampoo, bate o cotovelo na quina. A roupa que queria usar está no cesto, o café escorre pelo balcão, a chave some na hora de sair. A fila anda devagar, o salto quebra, o guarda-chuva vira do avesso. A cabeça dói, o peito pesa, o humor desanda. O espelho devolve um cansaço que você nem se lembrava de carregar.

A vida é assim: desgovernada, imprevisível, cheia de voltas.

Num mês a gente está fazendo planos de viagem, no outro contando os dias para terminar a reabilitação ortopédica.

Viver é aceitar que a existência se revela entre a doçura de um dia comum e o tropeço do momento seguinte. Entre o sopro que apascenta e o vendaval que confunde. Entre o que foi planejado com afinco e o que o acaso veio bagunçar.

Não é sobre linha reta — nunca foi. É curva, zigue-zague, desvio. Às vezes gira em falso, às vezes nos surpreende com atalhos. É feita de avanços tímidos, retrocessos involuntários e recomeços silenciosos. Tem fases em que tudo faz sentido, e outras em que nada se explica.

Porque a vida não é uma estrada reta, mas é caminho. E estar a caminho, já é, por si só, um jeito bonito de continuar.

Dias ruins também fazem parte de uma vida boa, e está tudo bem. É no inesperado que a gente cresce.

Quem nunca chorou por causa de uma despedida que depois agradeceu? Quem nunca quis voltar no tempo e hoje entende que foi melhor assim, do jeito que foi, cheio de curvas e tropeços?

Num dia você está por cima, no outro está por baixo — e está tudo bem. O dia difícil não dura para sempre, assim como o dia bom também passa. Tudo se alterna, tudo se move. Mesmo quando a fase ruim insiste em ficar, ela é só uma parte do caminho — não o caminho inteiro. As coisas melhoram. O tempo vira. E você também aprende a se virar.

Então respira. Aceita as voltas. Perdoa o que não deu certo. Recomeça. Porque, às vezes, o que parece um desvio é só o caminho certo de um jeito que você ainda não entende.

E segue.

Torta - mente.

Do seu jeito.

Inesperadamente lindo.

# O mundo acaba todos os dias. A boa notícia é que o mundo também recomeça diariamente

Maravilhada. Se existe um termo que possa definir a forma como fiquei após assistir a *Are You There God? It's Me, Margaret* (*Você está aí, Deus? Sou eu, Margareth* em livre tradução no Brasil como "Crescendo juntas"), é esse. Há tempos um filme não arrancava sorrisos do meu rosto com tanta facilidade, ou me conduzia a doces memórias com tamanha maestria.

Margareth, a personagem principal (interpretada impecavelmente pela carismática Abby Ryder Fortson), é uma menina de 11 anos que está amadurecendo enquanto busca se comunicar com Deus à sua maneira. O filme, baseado em um livro de Judy Blume, retrata a trajetória de Margareth de forma sensível e emocionante – em diversos momentos tive que dar pausa na tevê e me recompor antes de prosseguir.

Abby Ryder Fortson, a atriz mirim, conseguiu acessar camadas de mim mesma que eu nem sabia existir e me fez recordar as pequenas alegrias que passam desapercebidas – camufladas pelas demandas do cotidiano – e se intercalam na minha vida e na de todos.

A fé de Margareth oscila conforme as coisas vão dando certo ou errado em sua vida. E ela se aproxima ou se afasta de Deus com frases do tipo: *Está aí, Deus? Sou eu, a Margareth. Está tudo dando errado. Tudo. Estou implorando. Faça alguma coisa acontecer...* ou: *Ainda está aí, Deus? Sou eu, a Margareth. Obrigada. Muito obrigada.*

Se eu fosse Deus, ou se fosse possível ajudar Margareth, eu diria que *tudo passa*. Altos e baixos causam desconforto, mas já imaginou a vida sem nenhuma dificuldade ou privação? Natal de segunda a sexta, casa cheia de primos do nascer ao pôr do sol, cappuccino com chantilly todas manhãs, nota de cinquenta reais achada por acaso no bolso da calça diariamente?

Se você ganhasse na loteria todos os dias, que graça teria? A vida gosta mesmo de oscilar, andar em linha reta é entediante e não nos ensina a valorizar os pequenos prazeres da existência.

Sabe, Margareth, o mundo acaba todos os dias. Acaba quando aquela mensagem não chega, quando o pior diagnóstico se confirma, quando o dedo bate na quina. A boa notícia é que o mundo também recomeça diariamente. Recomeça quando a música preferida toca no rádio, a visita inesperada chega perfumando a casa, o remédio alivia a dor, o abraço afasta o pesadelo, a defesa do goleiro no último pênalti garante o tetracampeonato mundial.

É ilusão querer ter a vida sob controle. Um dia você vai estar atrasada e o ônibus, lotado, não irá parar para você subir. A espinha vai inflamar na hora do *date*, e a chuva não dará trégua no fim de semana na praia. Outro dia, porém, alguém a alcançará com o guarda-chuva aberto, e você agradecerá por ter seus pais com saúde. A calça jeans vai servir e você será aprovada naquele concurso. A vida não anda em linha reta.

Viver é estar finalizando um quebra-cabeça de 5000 peças e ser surpreendido com as mãozinhas do sobrinho desmanchando tudo. É começar um jantar especial e perceber que acabou o gás. É fazer contas para fechar o mês e descobrir dinheiro no fundo de uma meia. É planejar o futuro inteiro e perceber que só se vive um dia de cada vez.

A gente perde a fé quando não passa naquele concurso, mas a recupera, ainda mais forte, quando é elogiado na entrevista de emprego. Brindamos aos recomeços e perdemos a esperança quando a mensagem esperada não chega. Comemoramos a vitória do time e choramos, arrasados, quando nossos planos não coincidem com os planos de Deus.

Tudo passa, Margareth. Então o jeito é entender que momentos bons devem ser sugados até a última gota, pois eles irão passar e um dia serão só memórias. Igualmente, nenhum pranto será eterno e a melhor maneira de sair ileso é dançar conforme a música. A vida, definitivamente, não anda em linha reta...

Tem dias em que a gente toma chá de hortelã e sente gosto de boldo. Que o riso de alguém soa como deboche e o abraço, como armadilha.

Há dias em que a mente cansada tropeça em elogio e lê ternura como cobrança.

Confunde brisa com ameaça, bilhete de amor com carta de despejo.

Transforma varanda ensolarada em porão sem janelas, passarinho curioso em espião.

Pensamentos são moradas.

E você pode escolher exatamente em que lar quer estar.

Escolha bem seus pensamentos, pois eles podem tanto te acolher quanto te machucar.

Você cria sua própria realidade, você atrai aquilo que vibra.

Não confie nos seus pensamentos em dias ruins, pois eles podem transformar pedra em caco de vidro, sussurros em vendavais, abraço em nó.

Respire, tome um banho morno, durma um pouco.

Quando acordar, se sirva uma bebida aconchegante, abra as janelas e escolha novamente seus pensamentos como quem escolhe um lar.

Você merece a morada mais acolhedora, aconchegante e pacífica que alguém poderia desejar estar.

# “Há uma rachadura em tudo - é assim que a luz entra”

O romance *A vida mentirosa dos adultos*, de Elena Ferrante, começa com a frase: “Dois anos antes de sair de casa, meu pai disse à minha mãe que eu era muito feia”. Quem narra a história é Giovanna, uma menina de 13 anos que, em meio às terríveis transformações da adolescência, ouve a “sentença” às escondidas e, a partir daí, sente-se à beira de um abismo. Porém, se por um lado o episódio assinala algo semelhante a um desmoronamento, ele também marca o início de uma jornada de autodescobertas e amadurecimento.

Ao longo do livro, acompanhamos a busca de Giovanna por sua tia Vittória, irmã do pai – a quem foi comparada não somente na feiura estética, mas também na falha de caráter – e o encontro com essa parente tão complexa e fascinante.

A jornada de Giovanna em *A vida mentirosa dos adultos* me fez refletir sobre a célebre frase do cantor, compositor e poeta Leonard Cohen (1934-2016): *Há uma rachadura em tudo – é assim que a luz entra.*

Nem sempre a vida será contada da forma que imaginamos. Aliás, muito mais vezes do que gostaríamos, o chão se abre, as paredes racham, a chuva invade os cômodos por frestas no telhado. Porém, são essas mesmas rachaduras que permitem que a luz entre e a gente consiga enxergar a vida e as coisas de uma forma totalmente nova. Ou nos conduzem a uma jornada que jamais teria sido iniciada se não tivessem ocorrido rupturas.

É preciso criar laços com nossas inadequações, respeitar nossas lágrimas, abraçar nossas contradições. Sem medo de que a vida nos machuque. Porque a vida vai nos machucar de vez em quando, até naqueles momentos que a gente imaginou perfeitos. E está tudo bem.

Regras, roteiros, calendários e planos existem para nos ajudar a nos organizar, mas a vida em si é muito maior que isso, e pode mudar num piscar de olhos. E é bom que mude, que nos desoriente por algum tempo, balance nossas convicções e dê uma sacudida em nossos conceitos para que nunca nos esqueçamos que o que nos faz crescer é o inesperado. Sempre é.

Não defendo a dor nem os conflitos, mas abraço a sabedoria de Rubem Alves na reflexão: *Ostra feliz não faz pérola* ou na frase: *Milho de pipoca que não passa pelo fogo continua a ser milho de pipoca para sempre. Assim acontece com a gente. As grandes transformações acontecem quando passamos pelo fogo. Quem não passa pelo fogo fica do mesmo jeito, a vida inteira.*

Às vezes lamentamos a dor, as rupturas, despedidas e falhas. Mas são elas que possibilitam a entrada da criatividade, poesia e arte. O mesmo fogo que queima e causa sofrimento é o fogo que transforma o grão de milho em pipoca. Então não remoa mágoas e delete tudo que te faz mal, mas aceite que é impossível controlar a dança dos dias e das horas. A vida nos invade, fere, alegra, queima, arde... e, finalmente, nos transforma.

a gente tem que continuar
mesmo com os pés latejando
a pele rachando
o fôlego dissipando

a gente tem que continuar
porque o tempo está aí para nos mostrar
que pausas são somente a distância
entre fome e saciedade

a gente continua porque o "para sempre"
reside no Agora
e o Agora está passando depressa
não há como estacionar

a gente continua
e aprende que ***vai passar***...

***sempre passa***

# Há dores que nos derrubam e dores que nos despertam

Essa semana assisti ao excelente *Nyad* (em cartaz na Netflix) e me surpreendi com a cinebiografia baseada na história real da autora, jornalista e nadadora Diana Nyad que, aos 64 anos, se tornou a primeira pessoa a nadar os 170 quilômetros de Cuba até a Flórida.

Diana fez sua primeira tentativa de travessia em 1978, aos 28 anos. Não conseguiu. Aos 60, porém, decidiu que era o momento de tentar novamente. Fez mais 3 tentativas, sem sucesso. Na quinta tentativa, aos 64 anos, alcançou seu objetivo.

Uma das frases que me marcaram no longa é: *Precisamos acordar todos os dias e tentar de novo, até conseguirmos*. Essa afirmação serve tanto para Nyad – que se propunha a realizar um feito inédito – quanto para todos nós, que cotidianamente precisamos enfrentar a vida e nós mesmos, de que forma for.

Acredito que a experiência de se sentir viva – intensamente viva – era o motor propulsor de Diana. Muitas vezes buscamos a VIDA dentro da vida, e essa necessidade nos aproxima tanto da satisfação quanto da dor; a pulsão de vida e de morte andam lado a lado.

Nyad sentia dores, náuseas e alucinações. Porém, nada disso a detinha. Ao contrário, quanto mais desafiadora a travessia, mais força ela encontrava para percorrê-la.

Há dores que nos derrubam e dores que nos despertam. Dores que nos ferem e dores que nos salvam. Dores que nos machucam e dores que nos desafiam. Dores que nos despedaçam e dores que nos encorajam a virar a página e a ressignificar o sofrimento.

A função da dor é sinalizar que algo precisa de atenção — há um desalinho no corpo, na mente ou no espírito que se manifesta por meio dos sintomas. Cabe a nós acolher esse chamado, sem estacionar no sofrimento, mas usá-lo como impulso para a mudança e a transformação.

Sempre tive uma relação difícil com o meu corpo, porque ele dói. Mas com o tempo, compreendi que a dor não é uma inimiga — é uma linguagem. Ela me sussurra verdades que eu nem sempre consigo nomear. Às vezes, ela me convoca a escrever. Outras vezes, apenas a escutar.

Tratar o sintoma, cuidar da saúde e aliviar a angústia são gestos de amor. Mas há momentos em que é preciso calar o mundo lá fora para ouvir o que ecoa aqui dentro. Escolher o silêncio, preferir a pausa, aceitar a introspecção — isso também é cuidado.

O corpo é intuitivo. Ele nos convida a descer as escadas até o porão de nós mesmos — aquele espaço onde escondemos o que não queremos ver. Todos carregamos porões. Alguns mais arejados, outros abafados pelo tempo. Mas todos revelam partes legítimas de quem somos, inclusive aquilo que preferimos negar.

A dor, muitas vezes, é uma palavra que não pôde ser dita. Um sentimento que não coube. Um pedaço de sombra pedindo luz. E escutá-la, sem tentar eliminá-la de imediato, pode ser o mais profundo gesto de autocuidado.

Cuidar de si não é apenas se afastar do que machuca. É também reconhecer que certas dores fazem parte da travessia. E que proteger-se é, às vezes, permitir-se sentir — com limites, com consciência, mas sem negação.

Ao tentar a travessia de Cuba até a Flórida, Diana Nyad não teve apenas que nadar. Ela precisou suportar o cansaço extremo, atravessar noites escuras e enfrentar criaturas perigosas. O veneno de uma vespa-do-mar quase a obrigou a desistir. Não era só sobre preparo físico — era sobre saber até onde ir, como se proteger e quando recuar.

Às vezes, a vida exige da gente esse mesmo tipo de resistência. E embora coragem seja fundamental, não se trata de se lançar ao mar sem pensar. É preciso reconhecer o que nos ameaça, entender o que nos enfraquece e, acima de tudo, nos dar permissão para cuidar de nós mesmos.

Nem toda travessia precisa ser feita a qualquer custo. Há momentos em que a escolha mais sábia é parar, rever a rota, buscar abrigo. Isso não é fracasso — é maturidade.

Se posso dizer algo, digo com carinho: não se exponha desnecessariamente. Escute os sinais do corpo, respeite as pausas da alma, acolha os medos que pedem mais tempo.

Proteger-se também é parte da travessia.

Fiquei alguns dias sem conseguir escrever
a casa vazia
seu cheiro ainda dentro das gavetas.
Estou tendo que percorrer um caminho que não planejei,
mas sempre soube que atravessaria.
O caminho de volta, sem você na bagagem
não é leve como alguém poderia supor que seria.
Meu passo marcha sem querer avançar,
meu corpo segue sem desejar prosseguir.

A vida não oferece pausas.
ela anda, arrasta tudo,
filhos crescendo, nossos pais se despedindo
e a única coisa que realmente podemos fazer
é desejar o melhor para eles e cuidar mais de nós
entendendo que entrar no ritmo da vida
é sinal de sabedoria

(e sobrevivência)

# Às vezes, a única coisa que a gente precisa é dar um passo de cada vez

No último episódio da penúltima temporada de *The Crown*, durante o funeral da princesa Diana, seu filho William caminha ao lado do avô, o Príncipe Philip. Diante de uma multidão que grita pelos nomes dos filhos da princesa, o avô dos meninos aconselha: *Não reaja. Olhe para a frente ou para o chão. Concentre-se no ato de caminhar. Um passo de cada vez.*

A recomendação serve tanto para a caminhada fúnebre quanto para a jornada de luto que eles iriam enfrentar e que estava apenas começando.

Diante de uma perda avassaladora ou em momentos em que o chão parece ruir sob nossos pés, não há muito o que fazer. Enxugado o pranto, a única coisa possível é dar um passo de cada vez. E isso já é uma grande coisa.

É aos poucos que tudo se ajeita. Forçar sorrisinhos quando se tem vontade de chorar ou fingir que não liga quando se está profundamente magoado, é violentar o próprio espírito. Respeite sua dor. Tenha consideração com sua raiva. Tolere sua incapacidade de sorrir. As coisas vão melhorar, mas é um passo de cada vez.

Quando sair da cama for muito difícil, não pense nos e-mails que terá que responder, no ônibus que terá que pegar, no almoço que precisa preparar. Em momentos de dor, avance em pequenos passos. Lave o rosto. Tome uma xícara de café. Passe um perfume. Um passo de cada vez. Sem pressa. Sem se exigir tanto. Chore um pouco se precisar. Escove os dentes. Respire fundo. No dia seguinte, dois passos. E, acredite: haverá um tempo em que não vai doer tanto.

No mesmo episódio de *The Crown* que citei no início, o Príncipe Charles precisa acordar as crianças e dar a notícia. Alguém o indaga: *Quando vai contar aos meninos?* e ele responde: *Eu quis deixá-los dormir. Adiar o máximo possível. Enquanto dormem, ainda têm mãe.*

Nunca vi o tempo parar, apesar de ter tido vontade de congelá-lo muitas vezes. E quantas vezes não me surpreendi revisando os momentos, tentando encontrar o instante exato em que a vida me chacoalhou, o momento antes da pior notícia, a hora precisa em que a inocência de desconhecer o maior pesadelo me protegeu. Num instante, sorrisos. No momento seguinte, dor.

Assim como o tempo não para quando o abraço que você queria que fosse eterno se dissolve, ele também não para quando a dor te consome. Por isso é importante dar pequenos passos. Para sair da dor. Para não deixar ela se transformar em sofrimento. Para não permitir que o tempo congele a tristeza.

Respeite seu tempo de recuperação, mas não estenda um tapete vermelho à tristeza. Se proteja do que te fere, coloque limites ao que te adoece, mas não paralise sua vida por medo de sofrer. Dê um passo por dia, sem se cobrar grandes caminhadas. Chegará um dia em que você perceberá que andou mais do que planejou, e celebrará a capacidade de cura e plasticidade da vida.

há guerras ocorrendo
silenciosamente
sem que ninguém perceba
dentro de você

há desertos
impossíveis de serem atravessados
sob suas pálpebras

você é um sobrevivente
mas não deveria
apenas

*sobre – viver*
à vida.

A existência pode ser pacífica
e o fim não necessita ser uma sentença
e sim um lugar
onde há sempre a possibilidade

*do re - começo*

# Bem-aventurados os que se deixam em paz

Janeiro. Você de férias, fazendo planos, comprando passagens, montando a mala, decidindo o roteiro, encaixando passeios, organizando a planilha de horários para cada atividade. De repente o voo atrasa, a mala fica retida, uma virose no terceiro dia de viagem incapacita o itinerário planejado. Viver não obedece a roteiros, prazos e calendários. Viver é no susto, na capacidade de lidar com o que a gente não planejou, mas a vida planejou pra gente, no perdão pelas imperfeições. Viver exige leveza e muito jogo de cintura caso a travessia saia dos trilhos ou falte linha para o arremate final.

A gente não controla, não prevê, não determina nada. Na maioria das vezes, a vida é mais forte que a gente, e só podemos agradecer se de vez em quando nossos planos coincidem com os de Deus. Então o melhor jeito de curtir a viagem é entendendo que nem tudo sai conforme o combinado, e está tudo bem.

Há 4 dias voltei de uma viagem com a família para Foz do Iguaçu e uma virose nos derrubou: marido, filho e eu. A viagem terminou antes do previsto, no hospital. Hoje, restabelecida e hidratada, me diverti com fotos de minha mãe em Minas, nossa terra natal. Nas fotos, ela e minha tia faziam uma espécie de tour gastronômico pelas lanchonetes e sorveterias da cidade. Sem contar calorias, sem se culparem pela ingestão de carboidratos e, acima de tudo, muito felizes, as duas brindavam a vida. Então pensei que isso sim significa estar de *férias*.

Estar de férias é conseguir deixar-se em paz. É desabotoar o nó do colarinho e descalçar os sapatos. É comer uma coxinha frita no bar da praça e por um instante não se preocupar com o colesterol. É virar o finalzinho da cerveja e pedir mais uma. É falhar no traçado do delineado e não fazer disso um drama. É não atingir a perfeição e mesmo assim ficar feliz com o resultado. É rir de si mesmo e não ter medo do que está por vir.

Viver nos culpando, buscando a perfeição e contabilizando prós e contras é cansativo e não nos permite avançar. Todo mundo sente medo, todo mundo tem dúvidas, todo mundo vacila de vez em quando. A diferença é que alguns sentem medo e vão com medo mesmo. Alguns erram e tentam de novo. Alguns perdem e não fazem disso uma tragédia.

É preciso acreditar que as coisas vão dar certo, mesmo que não estejam dando certo no momento. É preciso confiar que se você fez o que pôde, era tudo o que você podia ter feito. É preciso aprender a se deixar em paz, sem se exigir além da conta e sem se censurar por ser exatamente quem se é.

Bem-aventurados os que se deixam em paz. Os que dão férias para as neuras, autocobranças e mania de perfeição. Os que se liberam de medos e culpas desnecessárias. Bem-aventurados os que conseguem enxergar a vida como uma grande travessia que, apesar de dura, também pode ser prazerosa. Os que acreditam, com otimismo, na renovação de ciclos e nos recomeços que acontecem diariamente, silenciosamente, mesmo que a gente não perceba...

não me despedi
deixei o tempo ajeitar o silêncio
a pausa longa foi desenhando,
sem pressa,
o fim da nossa travessia

partimos juntas
eu, com a bagagem leve
você, com excesso de peso —
e prioridades que não couberam no compartimento de cima

levei a expectativa de partilha
dividir o céu, o riso, a rota
mas logo percebi:
nem todo voo é acompanhado,
ainda que os assentos estejam lado a lado

você estava presente,
mas ainda presa ao que havia deixado no portão
tentando pilotar outras rotas,
enquanto a nossa ficava em piloto automático

guardei um lugar pra você na janela
quis mostrar a vista
mas você não conseguiu tirar os olhos do que ficou em terra firme

eram muitos pesos
muitas vozes ecoando de longe
enquanto eu buscava presença,
você seguia ausente, ainda que ao lado

a certa altura, percebi:
não era sobre nós —
era sobre o quanto uma presença precisa estar inteira
pra realmente ser companhia

a viagem teve instantes bons
mas também turbulências silenciosas
que me ensinaram o mais claro dos avisos:
não se voa junto
com quem se recusa a decolar

relações são aeronaves
e o tempo, precioso demais
pra seguir reservando passagens
a quem nunca teve a intenção de embarcar de verdade

# Ninguém aproveita a travessia se está preocupado com o que deixou para trás

Acredito que viajar seja uma das experiências mais sublimes que alguém pode ter. Respirar a atmosfera de lugares nunca antes pisados por meus pés, experimentar sabores exóticos ao meu paladar, sentir o vento gélido ou o calor dilacerante de uma estação nova, escutar sotaques ou idiomas inéditos ao meu ouvido, me deslumbrar com a quebra da rotina e ser arrebatada pela atmosfera de novidade em cada esquina.

Toda viagem surpreende. Por mais que tenhamos o poder de escolher que trilhas iremos percorrer, que pontes queremos atravessar, que paisagens pretendemos observar, que sabores desejamos experimentar... o roteiro definitivo fica a cargo dos imprevistos, das boas (e não tão boas) surpresas pelo caminho, do clima, das companhias, dos perrengues e das aventuras que serão contadas e recontadas nos almoços de domingo.

Planejar é necessário; estar ciente de que imprevistos irão ocorrer e nem tudo sairá conforme o planejado, também. O importante é aprender a dançar conforme a música e entender – por mais clichê que seja – que quem está na chuva, é para se molhar.

Não sei se sou uma viajante experiente, mas meu HD interno está recheado de histórias engraçadas; perrengues nada chiques; sustos memoráveis; saudade de casa; vontade de não voltar para o mundo real; intoxicações alimentares, insolações e queimaduras por águas-vivas; encantamento, autoconhecimento e transformações sem volta.

Cada página do álbum de fotografias ou cada imagem captada pela lente do celular carrega o olhar maravilhado de quem se encanta pela primeira vez. A vida é convidativa, é porta aberta oferecendo inúmeras trilhas, é oceano clamando pela travessia. Porém, ninguém vai muito longe com a bagagem pesada demais. Ninguém se maravilha carregando consigo tralhas de uma existência que não existe mais. Ninguém aproveita a travessia se está preocupado com o que deixou para trás. Ninguém mergulha se está apegado ao que não pode controlar. Ninguém adquire autonomia, autoconhecimento, liberdade e alegria se não tiver espaços vazios e disponíveis.

Aeroportos refletem nossa existência. Uma existência onde chegadas e partidas se intercalam, e onde cada um – exclusivamente – sabe o que carrega na bagagem. Nem toda bagagem é leve ou possui rodinhas ultradeslizantes. Muitas são pesadas, com rodas travadas e alças desabando. Aeroportos, assim como a vida, abrigam esperança, alegria, expectativas, dores, despedidas, cansaço. Em cada terminal, o desejo de partir ou retornar com a mala recheada de experiências transformadoras ou dever cumprido. Porém, só aproveita a viagem quem se despe de preocupações desnecessárias, pesos excedentes e apegos inúteis. Às vezes, para embarcar, você terá que abrir sua mala e jogar fora alguns itens. Seja porque são inadequados, seja porque excedem o peso permitido. Nessa hora você percebe que consegue. Que nem tudo é essencial. Que a vida nos obriga a recomeçar diariamente, mas só é possível dar chance aos recomeços quem esvazia a bagagem e cria espaço para as novas alegrias que querem chegar.

ainda que faça um calor insuportável e não haja sombra,

é preciso falar de esperança

ainda que falte grana e cabelo bacana,

é preciso falar de esperança

ainda que chova granizo no dia do casamento,

é preciso falar de esperança

ainda que o peito esteja rasgado pela perda do grande amor

é preciso falar de esperança

ainda que o caminho não ofereça um destino seguro,

é preciso falar de esperança

ainda que o leite seque, o peito empedre, a barriga
se contraia,

é preciso falar de esperança

ainda que o café esfrie, a cerveja esquente e o brilho de uma
vida feliz se despeça,

é preciso falar de esperança

“É preciso falar de esperança todos os dias.
Só para que ninguém esqueça que ela existe.”*

* citação: Mia Couto

# Pode ser que amanhã o mundo acabe. Aqueles que você quis impressionar, te amaram de verdade?

Num dos episódios mais bonitos da série *The Crown* (T6 E8), a irmã da rainha relembra uma festa que ocorreu há mais de 50 anos, no hotel Ritz. Segundo Margaret, enquanto os ricos e bem nascidos jantavam sob a luz de candelabros de cristal, ouvindo música ambiente e o tilintar dos talheres de prata, Elizabeth foi atraída para uma festa alternativa que ocorria nos porões do hotel. Lá embaixo havia música alegre, danças, cerveja barata e muita alegria. Ao contrário dos convidados da festa do andar de cima, os festeiros do porão eram gente simples, americanos provenientes do Harlem, um gueto em Nova York. Gente sem patente nem origem, comemorando o fim da guerra. A futura rainha desceu as escadas e dançou livremente no meio do povo. Ali ninguém sabia quem ela era, não havia protocolos a seguir. Ela se misturou aos outros e nunca foi tão feliz. Margareth a encontrou dançando, rodopiando, bebendo... e, ao vislumbrar a cena, se comoveu com a alegria genuína e inédita da irmã. Na velhice, comentou: *Quando me lembro daquela noite penso que não sei quanto da sua personalidade você teve que reprimir para se tornar rainha.*

A frase pode ser um soco no estômago. Para Lilibeth e qualquer um de nós, pobres mortais. Quanto de nossa personalidade temos que reprimir todos os dias para ser quem somos? Quanto de nossa essência precisamos não deixar vir à tona para cumprir o que se espera de nós? Quanto de nós mesmos fica submerso para desempenharmos os papéis que nos foram designados?

Há dança, música e cerveja gelada dentro de você. Por que você se priva de tirar os sapatos, cantar alto e esvaziar os copos se é isso que o torna mais feliz? Por que reprime o baile, a alegria e a liberdade? Por que acredita que não é possível recomeçar, transgredir ou sorrir? Por que é tão difícil assumir quem se é de verdade?

Esquecemos que somos livres. Preferimos culpar as convenções sociais, a reputação que adquirimos, a idade que temos, os contratos que assinamos, os papéis que desempenhamos. Ignoramos a possibilidade de conciliar cumprimento de obrigações com descontração; andar na linha com chutar o balde de vez em quando; relacionamento sério com preservação da individualidade; prudência com insanidade; culpa com absolvição.

Quem é você de verdade? Você sabe? Encontrar a si mesmo embaixo de tantas camadas nem sempre é fácil. É preciso muito autoconhecimento e coragem de se enfrentar para ousar desconstruir-se, desabrigar-se, desnudar-se. O saldo é viver com mais autenticidade e espontaneidade, infringindo regras sem sentido e limites pré-fabricados.

Qual o sentido de viver se privando da felicidade em prol de um rótulo? Qual o propósito de se abster da alegria a favor de uma idealização? Qual o significado de atuar como alguém que você não é, em benefício de ser aceito? Qual a necessidade de renunciar a si mesmo em prol de ser bem quisto por alguém que não aprova sua verdadeira essência?

Troquemos cautela por ousadia, discrição por espontaneidade, autocontrole por impulsividade, andar na linha por enfiar o pé na jaca. De vez em quando é necessário deixar nossos rumos ao sabor do vento. Ousar romper o fio que nos liga à escassez e arrematar o nó com a porção de loucura que nos habita.

Quanto de sua personalidade você teve que reprimir para se tornar quem você é? Quanto de si mesmo você abandonou para ser aceito? Até que ponto você chegou, somente pelo desejo de agradar e de se enquadrar? Valeu a pena?

Reféns das boas maneiras e das máscaras sociais, abrimos mão da autenticidade e espontaneidade. Reféns da preguiça de virar a mesa, nos acomodamos em rotinas previsíveis e comedidas. Reféns da necessidade de nos adequarmos, reduzimos a vida a uma série de critérios seguros e absolutamente previsíveis.

Pode ser que amanhã o mundo acabe. Aqueles que você quis impressionar, te amaram de verdade? Valeu a pena falar baixinho, manter os olhos baixos, não aceitar aquele convite para dançar? Valeu a pena o medo, o freio, a repressão?

A vida melhora demais quando você aprende a expressar quem você é de verdade. Quando perde o medo de colocar limites e falar o que pensa. Quando autoriza o instinto de mergulhar de cabeça na vida, sem frear o riso solto frente ao primeiro olhar de desaprovação. Quando aprende que não precisa anular sua personalidade nem diminuir a velocidade de seus sonhos em prol de uma imagem exemplar. Há drama maior que enxergar no espelho alguém que você não reconhece?

Guimarães Rosa perguntava:

*"O que era isso, que a desordem da vida podia sempre mais que a gente?"*

e tenho que concordar com Rosa,

pois

CEDER e ACEITAR

são verbos que a gente precisa aprender

a conjugar

se quiser ter uma boa relação com a
VIDA —

essa senhora

tão ENORME —

que, inevitavelmente,

sempre sabe — e pode — mais que a gente

# Dezoito anos

Daqui a 2 dias é seu aniversário de 18 anos e passou tão depressa... Há alguns meses você encontrou uma carta que escrevi quando você era recém-nascido, um calhamaço de 6 ou mais páginas, escritas com todo meu coração, seladas num envelope muito bem fechado com a instrução de que só abrisse quando tivesse no mínimo 14 anos. Eu havia me esquecido da carta, mas ela O encontrou. Você, que não acredita em sincronicidade nem em sinais do Universo, abriu um livro e lá estava o envelope. Sem me perguntar, você leu. E de alguma forma que não sei explicar, aquelas palavras, escritas há tanto tempo, num apartamento em que nem moramos mais, o comoveram de um jeito inédito, que eu nunca tinha visto. Você desceu as escadas de nossa casa chorando, eu não sabia o que tinha acontecido, e o abracei com força enquanto você soluçava nos meus ombros.

Tento agora me recordar do conteúdo da carta, mas ele me escapa. Você a guardou em algum lugar secreto, só seu, e fico feliz de entender que aquelas palavras fizeram sentido para você.

Enquanto seu pai e eu preparamos a casa para seu aniversário, entre decidir o tipo de mesa que iremos alugar e onde penduraremos os balões, você estuda para entrar numa faculdade pública – mesmo já tendo passado em 3 faculdades particulares aos 17 anos – e se informa sobre o serviço militar. Não tenho palavras para descrever o orgulho que tenho de você. Por ter se tornado um homem bom. Por ter valores tão nobres que me deixam encabulada e de queixo caído por não chegar aos seus pés. Por me ensinar todos os dias a ser resiliente, a não dramatizar tanto e a olhar a vida com olhos de poesia através do gosto apurado pela música, filmes e artes.

Té desejo tantas coisas... que aprenda a dirigir e pegue uma estrada linda, sozinho ou acompanhado, ouvindo uma playlist incrível; banho de cachoeira; beijo apaixonado; amigos em volta de uma fogueira (ou mesmo de uma mesa) bebendo vinho e rindo de velhas histórias;

formatura na faculdade; viagens inesquecíveis; conversas íntimas com Deus.

Já não tenho muito a te ensinar. Aos poucos, tenho me tornado "desnecessária", e isso nem sempre tem sido fácil. Mas preciso me acostumar. Estarei sempre aqui para te dar amor, colo, proteção e conselhos (se você os solicitar). Mas devagarinho percebo que preciso te soltar. Deixar você voar e conhecer o mundo com seus próprios pés. Libertá-lo de meus medos, controle e excesso de proteção. Confiar na sua capacidade de fazer boas escolhas, de ser independente, de enfrentar a vida com tudo de bom e ruim que ela oferece. Permitir que você erre e aprenda com os erros. Tolerar seu sofrimento e não me culpar porque a vida te machucou e eu não estava lá para protegê-lo. É, filho, a vida está mudando para mim também. Tenho que aprender novos arranjos, ocupar meu tempo com outros afazeres, aceitar que nosso vínculo nunca deixará de existir, mas que é hora de deixar a capa de "Supermãe" no armário e assumir uma roupagem mais leve, com menor necessidade de gerência, controle ou medo. Sou apenas uma aprendiz e espero acertar o máximo que puder, desejando sempre – e acima de tudo – sua felicidade. Estarei aqui nos bastidores, te observando, torcendo por você e preparada para ser sua retaguarda sempre que precisar.

Porém, a vida nem sempre será incrível como o acorde perfeito de *Let Down*, do Radiohead. De vez em quando ela será complicada, como a letra enigmática de *Rap God*, do Eminem. Mas, entre o fabuloso e o custoso, a vida será simples, comum, repetitiva e até tediosa, como qualquer baladinha dos anos 80 que a gente já ouviu tantas vezes que acaba não dando tanto valor. Nem todo dia terá um final catártico, apocalíptico ou redentor como o de *Druk*, o filme a que assistimos essa semana e que o arrebatou. A maioria dos dias é comum, trivial, com gostinho de feijão com arroz. Então... desfrute o fabuloso. Suporte o complicado. E aceite e tolere o banal. Essa é a sua vida. Com subidas e descidas como a de todo mundo, mas, entre essas duas, com uma linha reta a perder de vista. Difícil, muitas vezes complicada, mas, acima de tudo, fantasticamente incrível.

Feliz Aniversário! Te amo infinito!

Você pode ser uma boa pessoa e, ainda assim:
estabelecer limites

se priorizar

dizer “não”

errar e tentar novamente

afastar-se do que te faz mal

desagradar alguém

respeitar suas necessidades

fazer aquilo que o acalma e agrada a sua alma

# “O valor das coisas não está no tempo que elas duram, mas na intensidade com que acontecem”

Esses dias, despretensiosamente assisti a *Antes do Adeus* (*Before We Go*), e me surpreendi demais com o longa de 2014 que é quase uma versão moderna do clássico *Antes do Amanhecer*. O filme é leve e doce, repleto de diálogos rápidos e cheios de sentido, capazes de nos transportar para situações corriqueiras de nosso próprio universo, dando um significado diferente (ou pelo menos mais reconfortante) aos encontros que tivemos pela vida – tanto aqueles que permaneceram quanto os que tiveram breve passagem, mas acabaram modificando tudo, injetando ânimo novo em nossa existência. E descobrimos que a importância de alguém não é definida pelo tempo que ela permaneceu em nossas vidas, e sim pela forma como ela nos transformou. Não se trata de duração, e sim de sutileza. A linha tênue entre presença física e habilidade de tocar uma alma.

Alguns encontros têm curta duração, mas deixam a percepção de que “estavam escritos para acontecer”. São aqueles que iremos nos lembrar para sempre, não importa quanto tempo passe. E que, de alguma forma, despertaram uma versão nossa que desconhecíamos, mas que tinha que vir à tona para amadurecermos, para sermos mais autoconfiantes, para descobrirmos que nosso coração é capaz de amar de diversas formas.

Uma das frases mais marcantes do filme é: *Você irá conhecer alguém. Você saberá na hora que ela é problema. No fim da noite você vai querer falar algumas coisas, mas não diga. Não estrague tudo. Apenas beije-a. Deseje-lhe boa sorte. Agradeça-a. Por te mostrar que você pode amar mais do que uma pessoa nessa vida.*

Acho lindo esse trecho principalmente por causa da última parte. Às vezes ficamos tão tristes e frustrados por uma relação ter acabado, que deixamos de prestar atenção no quanto ela foi importante para nós, ainda que tenha chegado ao fim. E muitas vezes, em vez de desejarmos sorte e sermos gratos a tudo o que ela nos proporcionou, preferimos focar somente na dor e no rancor. Faça um exercício mental e pense em quem você era antes dessa pessoa ter entrado em sua vida, e em quem você se tornou. Que aprendizados você teve, que lições irão permanecer para sempre?

Ninguém entrará em sua vida por acaso. Ninguém sairá dela se o tempo de vocês não tiver se esgotado. Ninguém retornará se não houver algo pendente a resolver. Ninguém permanecerá se não tiver um caminho comum para percorrer.

Há muito desencontro pela vida e muita falta de entendimento acerca desses desencontros. Há também mais coisas entre o céu e a Terra do que somos capazes de compreender, e por isso deveríamos apenas fechar os olhos e confiar. Deixar ir. E, se um dia tiver que retornar, simplesmente aceitar que nem tudo tem explicação lógica, a maioria das coisas não tem.

O final do filme é surpreendente, e pode deixar alguns fãs de romance frustrados. Porém, o que é a vida senão um grande ponto de interrogação? Apesar de nossa mania de controle, não temos a mínima ideia do que virá no dia seguinte, na próxima página, na dobra de esquina, na escolha despretensiosa, no aniversário adjacente. A única coisa que podemos realmente controlar é o momento presente. E por isso é primordial reconhecer a felicidade hoje, e sugá-la da melhor maneira possível. Pois dores passam, e momentos não voltam.

# PARTE II

## “Sempre fica um pouco de perfume nas mãos que ofertam flores” (Nunca se culpe por ter sido de verdade)

# “Sempre fica um pouco de perfume nas mãos que ofertam flores”

Num dos episódios da série *Fleabag*, o pai da personagem principal (interpretada pela ótima Phoebe Waller-Bridge) diz para a filha: *Você sabe amar melhor do que qualquer um de nós. É por isso que acha tudo tão doloroso.* A frase soou como um tapa. E, de alguma forma, me reconheci na afirmativa.

É impossível sairmos ilesos da vida e, muito mais, do amor. Há os que preferem abdicar do afeto por medo das feridas e cicatrizes, mas ter a quem amar cauteriza a solidão – aquela, que também machuca.

“Sempre fica um pouco de perfume nas mãos que ofertam flores” – sabedoria de um provérbio chinês que nos lembra que fazer o que é certo e bom nunca é em vão. Dar passagem para o carro que quer mudar de faixa ou fazer um elogio para a funcionária da padaria são pequenos gestos que, por mais que não sejam reconhecidos como gostaríamos, jamais serão perdas. Ser solidário ou generoso – mesmo com quem não merece – nunca será somente ingenuidade ou tolice. Amar, ainda que seja um risco, jamais será somente desperdício de tempo ou energia. Algum perfume restará nas mãos que ofertam flores para nos lembrar que o valor das coisas não está no reconhecimento do outro, e sim na nossa capacidade de sermos bons.

Se você deu o seu melhor a alguém e, mesmo assim, a relação não deu certo, não se torture nem se culpe. “Sempre fica um pouco de perfume nas mãos que ofertam flores”, e esse perfume é sua essência, sua capacidade de se doar, se emocionar e se permitir ficar vulnerável. Essa é sua história, e não pode se envergonhar dela.

A gente insiste no desejo de ser coroado. De ter nosso nome numa praça, ou nossa face esculpida em bronze num parque público.

Queremos, no mínimo, um "muito obrigada", que nem sempre vem. Ou um "me perdoe", que quase nunca é pronunciado. Buscamos reconhecimento e validação no outro, e esquecemos que somos aquilo que nos transborda. Relações são vias de mão dupla, mas amor-próprio e autovalidação só podem vir de nós mesmos.

Quando salvamos alguém, um pouco de nós é salvo também. Quando apoiamos um amigo, um pouco de nós recebe apoio também. Quando acolhemos um filho, uma parte de nós é acolhida também. Quando amamos alguém, uma porção de nós recebe amor também. Quando ofertamos flores, um pouco de perfume permanece conosco também...

## DES - CANSE

Descanse,

porque um corpo cansado

é um corpo facilmente dominável.

Descanse,

porque uma mente congestionada

é uma mente fatalmente enganada.

Descanse,

porque a alma precisa de calma

e se não houver

PAUSA,

o corpo entra em colapso

perde o fôlego

e não sustenta o argumento.

Descanse,

porque descansar é

a maior das revoluções

e só quem se permite

DES – CANSAR

consegue de verdade

***raciocinar***

# Nunca se culpe por ter sido de verdade

*Invejosa* (Netflix, 2024) é meu tipo de série: leve, espirituosa, divertida. A protagonista, Vicky, carrega o adjetivo que dá nome à série, mas, nem por isso, não ganha nosso afeto. Pelo contrário, ao expor sua humanidade de forma tão verdadeira, cativante e muito engraçada, nos conquista nos primeiros 5 minutos.

O que Vicky tem de tão especial e que causa afinidade e proximidade – como se ela e nós, meros espectadores, fôssemos velhos conhecidos – é a capacidade de se desnudar e ficar vulnerável a cada instante, sem medo de escancarar sua fragilidade e susceptibilidade.

Porém, se diante do espectador Vicky se revela e mostra quem realmente é, diante de seus pretendentes ela não age de forma tão espontânea ou honesta. Por medo de não conseguir um marido – já que tem 40 anos e todas as suas amigas estão casando – Vicky faz de tudo para corresponder ao que esperam dela. Assim, se ajusta para caber no molde que cada candidato a marido espera de uma mulher.

Em dado momento, duas amigas de Vicky comentam: *Parece que Vicky nunca teve personalidade. Sempre se adapta ao que os namorados querem ver. Está lembrada do Nari, o punk? Ela fez um moicano. E o do Opus Dei? Ela comprou um rosário, ia à igreja. Com o Dani, ela era dona de casa, num condomínio fechado. E com Nicolás, uma mulher livre, que não faz perguntas. Ela é assim. É uma coisa mal resolvida... O único com quem ela não é assim, é com o Matías. Ele a ama do jeito que é. Não precisa fazer nada para ele a querer.*

Nicolás deseja uma relação "leve". E Vicky, obcecada por se casar e ter uma família, finge que é uma mulher livre, que aceita uma relação casual. Porém, a cada telefonema não atendido e a cada compromisso desmarcado em cima da hora, Vicky se despedaça. Se despedaça e não cobra, não exige, não se descabela e não demonstra quem realmente é – por medo de perdê-lo.

As amigas tentam abrir seus olhos, mas ela não quer enxergar. Não quer enxergar que relações saudáveis não exigem que você seja quem não é, só para manter o outro ao seu lado. Relações saudáveis não fazem você ter medo de perder a pessoa que se relaciona com você quando diz que algo a (o) machuca. Relações saudáveis não fazem você ter medo de ser punida (o) com o castigo do silêncio quando você impõe limites. Relações saudáveis não fazem o outro desistir de você quando você é você mesmo, de verdade.

Nicolás não amava Vicky, e sim o que ela podia proporcionar a ele. Não tinha paciência para ouvir seus dramas, não tinha tempo para escutar o que era importante para ela, não estava disposto a saber quem ela era de verdade e o que ela valorizava acima de tudo.

Quem desiste de você, quando você mostra quem você é de verdade, não merece andar ao seu lado. Quem desiste de você, quando você se mostra vulnerável e fragilizado, talvez nunca quis estar com você de fato.

Se você tem que fingir ser quem não é, para manter o outro perto de você... se você tem que fazer esforços sobre-humanos para o outro não desistir de você... se você tem que evitar falar de dramas e problemas, para o outro não enjoar de você... se você tem que fingir que não liga, que não machuca e que não tira a sua paz para o outro permanecer... então está na hora de você repensar sua ideia de amor. Será que o outro te ama ou ama o que você pode proporcionar? E você? Se ama o suficiente?

Nunca se culpe por ter sido de verdade. Por ter exposto suas fragilidades do mesmo modo que expôs suas virtudes. Por ter amado e se despedaçado. Por ter estabelecido limites. Por ter ficado ao seu lado e cuidado de sua saúde mental. Por ter pedido perdão. Por ter tentado dialogar. Por ter insistido. E, finalmente, por ter desistido...

Alguém me disse que AUTOCUIDADO

era fazer *skincare*

dormir 8 horas

tomar 2 litros de água

se exercitar

comer frutas e legumes

ler e se informar

orar e meditar

tudo isso é essencial,

mas faltou lembrar:

AUTOCUIDADO:

abandonar lugares que nos fazem mal

nos afastar de pessoas e ambientes que sugam nossa energia

proteger nosso corpo e mente daquilo que nos desgasta e adoece

colocar limites

silenciar e bloquear se for preciso

escolher aquilo que nos traz paz

# A vida é vulnerável. Bem-aventurados os que vivem sem medo da vulnerabilidade

A gente não quer sentir dor, mas a vida está aí para nos mostrar que tem suas próprias regras, e que a gente não tem domínio sobre quase nada. A gente não quer sentir desamparo ou rejeição, mas a existência não nos protegerá da perda ou da solidão. A gente não quer sentir que foi feito de trouxa, mas ninguém pode controlar a forma como as pessoas pensam ou agem a nosso respeito. A gente quer optar por ficar de fora do risco que a existência oferece, mas a vida é vulnerável. Podemos tentar amenizar os riscos e as incertezas, mas aquilo que precisamos compreender nos alcançará de alguma forma. A única coisa que podemos realmente fazer é perdoar a vida e nos sentirmos perdoados por ela quando algo não sai conforme o combinado.

Caio Fernando Abreu tem uma frase que gosto muito que diz: *Nada em mim foi covarde, nem mesmo as desistências: desistir, ainda que não pareça, foi meu grande gesto de coragem.* E essa frase faz muito sentido pra mim porque tentar, arriscar, estar vulnerável e se despir de máscaras é o maior ato de coragem que uma pessoa pode ter. E, mesmo que ela fracasse ou desista no final, ela não fracassou ou desistiu por covardia, e sim por ousadia.

A vulnerabilidade gera o risco de rejeição, e isso assusta. Porém, se você nunca tentar, se você nunca se permitir estar vulnerável, você também não terá a chance de se conectar verdadeiramente a alguém. Pois a conexão verdadeira só é possível quando as partes envolvidas se submetem – juntas – ao risco de estarem vulneráveis. Quando o risco de rejeição é igual para ambas as partes e elas decidem assumir esse risco lado a lado, a conexão se estabelece. Porém, quando só uma das partes corre esse risco, ela sempre carregará um sentimento de insuficiência ou rejeição consigo, e o melhor a fazer é se retirar da relação. Uma vez que você se retira daquilo que a incomoda, você se faz respeitada.

Bem-aventurados os que vivem sem medo da vulnerabilidade. Os que entendem que estar vulnerável é se expor ao risco da rejeição, mas também estar aberto ao benefício da conexão. Bem-aventurados os que não acorrentam a própria alma pelo medo da exposição emocional. Os que mergulham na existência, e buscam consistência nas relações, entendendo que a doação é uma via de mão dupla. Bem-aventurados os que não enxergam os sentimentos como fraqueza, e se expõem ao risco de amar e se tornar próximos de alguém de forma clara e comprometida. Bem-aventurados os que abraçam a vida e cultivam a empatia, a compaixão, a consideração e os vínculos, sem medo de que, ao demonstrarem sentimentos, possam ter a alma roubada. Bem-aventurados os que não constroem muros em volta de si, reprimindo as próprias palavras e ações em prol de se protegerem da vida e dos afetos. Bem-aventurados os que entendem que vulnerabilidade não é fraqueza, e sim coragem de viver a vida plenamente a partir de um sentimento de amor-próprio tão forte e genuíno capaz de se sustentar mesmo quando tudo em volta desmorona...

## Seja quem você dá conta de ser

O cabelo está desobediente? Passe um óleo e prenda num coque

Você extrapolou o prazo? Entregue o que conseguiu produzir ou recomece do ponto em que parou

Você não tem sido o que prometeu que seria? Faça o seu possível e peça a Deus que cuide do impossível

O ônibus quebrou e você se atrasou? Aceite que nem tudo a gente controla

Está exausta e não consegue ir à academia? Respeite seu corpo e permita-se uma folga sem culpa

Seja quem você dá conta de ser

não se culpe nem se torture quando não estiver produtiva, bem arrumada, com a pele iluminada e o corpo esculpido na ginástica

Seja quem você dá conta de ser

e se permita dar um tempo,

silenciar, fechar os olhos e respirar.

Não se compare nem se recrimine

por ser exatamente quem você é

(e dá conta de ser)

# "Captain, my Captain!"

Há uma semana assistimos ao filme *Sociedade dos Poetas Mortos* e você disse que gostou. Ao seu lado, eu torcia para que aprovasse o filme a que assisti quando tinha pouco menos que a sua idade e desde então me recordava com nostalgia.

O filme traz inúmeras frases e mensagens inspiradoras, e não há quem permaneça indiferente – tanto ao enredo quanto ao professor John Keating (*Captain, my Captain*) – interpretado brilhantemente pelo ator Robin Williams.

Acredito que uma das frases seja inspirada numa citação de Roy T. Bennet, escritor, e diz mais ou menos assim: *Não deixe que as expectativas e opiniões das outras pessoas afetem suas decisões. É a sua vida, não a deles. Faça o que é mais importante para você; faça o que faz você se sentir vivo e feliz. Não deixe que as expectativas e ideias dos outros limitem quem você é.*

Quarta-feira é sua colação de grau do Ensino Médio e é isso que eu gostaria de lhe dizer: Não deixe que as expectativas dos outros sobre você limitem quem você é.

Às vezes a gente deseja tanto ser amado e aceito que abre mão de quem a gente é somente pelo desejo de agradar. E um dia, tarde demais, a gente percebe que não se sentiu vivo dentro da vida. Nem feliz. Muito menos leal a nossos sonhos e desejos.

Não tente sorrir quando tem vontade de sumir, nem camufle sua alegria em gestos contidos para evitar se expor demais. Seja você na alegria, na tristeza, no desejo de ficar sozinho ou de dizer "não". Não negue sua espontaneidade e sua euforia quando encontrar amigos de longa data, não seja avarento com sua felicidade.

Quando sentir seu coração bater mais forte por alguém, ame e permita ser amado, mas não se transforme em quem você não é somente pelo desejo de agradar. No início tudo parece funcionar, mas com o tempo você perceberá que esse é um preço alto a pagar.

No filme, o personagem Neil Perry decide ser ator. Porém, sua criação rigorosa e opressora o impede de viver aquilo que, para ele, é sua verdadeira vocação. Neil é extremamente desencorajado e reprimido pelo pai, um homem de conceitos rígidos e castradores. Assim, o destino do rapaz acaba por ser trágico.

Você já quis patinar no gelo e imaginou-se deslizando com liberdade, sentindo o vento frio na pele suada, atravessando a pista com velocidade? Já tentou fazer isso com patins travados, que machucam o chão e impedem seu voo? Quando você vive de acordo com as expectativas dos outros, você não desliza. Você não se torna quem você é, e corre o risco de nunca se sentir vivo dentro da própria vida.

Existem diversos tipos de prisões, mas a pior delas é quando abrimos mão do direito de ser quem somos, tentando viver uma vida que não nos pertence, desejando nos assemelhar a uma versão que não nos habita. Não tente parecer um cordeiro quando você é um lobo nem tente se assemelhar a um gato zen quando você é impaciente como um beija-flor. Respeite sua natureza, tolere seu enredo, seja leal à sua alma. No fim, você descobrirá que as pessoas mais livres e felizes são aquelas que ouviram e respeitaram a si mesmas a maior parte do tempo.

Parabéns pela formatura!!! Seja feliz! Amo você!

Quando tiver dúvidas sobre qual caminho seguir

ou sobre qual escolha fazer.

ESCOLHA VOCÊ

(a liberdade é sua maior riqueza)

# Vale a pena forjar sorrisinhos ao lado de quem nos faz mal só para não causar climão?

Esta semana, no consultório odontológico, após atender um simpático senhor de 72 anos, ele se despediu e depois de agradecer me perguntou: *Eu me comportei bem, doutora?*. Fui pega de surpresa com a indagação, que mais parecia ter saído da boca de um garotinho querendo a validação da professora. Acho que ele percebeu minha surpresa, pois em seguida completou: *Você acha que eu tive bom comportamento? Eu até senti dor em alguns momentos, mas nem precisei levantar a mão e interromper o seu trabalho*. Percebendo que o homem falava sério, elogiei-o com entusiasmo: sim, seu comportamento foi excelente! Parabéns!

O paciente me recordou a mim mesma, numa época em que viver uma vida que agradasse aos outros era mais importante do que viver uma vida que *me* agradasse. É claro que no caso do paciente, um homem adulto gozando de boa saúde de suas faculdades mentais, o mínimo que se espera é ter bom comportamento no dentista; mas o fato de ele buscar essa validação, um elogio ou apreciação denuncia o quanto ele carece dessa aprovação, e o quanto ele se esforça para ter esse reconhecimento.

Fui criada numa família católica tradicional mineira, e durante muito tempo escutei que certos assuntos não deveriam ser comentados, que certas coisas deveriam ser esquecidas, que certas pessoas eram bem-vindas mesmo que tivessem cometido transgressões inaceitáveis. Quando a gente cresce aprendendo que deve se calar para não criar mal-estar, se omitir para não gerar saia justa, fingir que está tudo bem para não provocar climão, ignorar nossa dor para não acarretar um embaraço... chega uma hora que acordamos e entendemos que não fomos protegidos. Ao contrário, fomos calados em prol da "política da boa vizinhança".

Até que ponto é tolerável abrir mão de quem somos em prol da boa convivência e dos bons costumes? Vale a pena forjar sorrisinhos ao lado de quem nos faz mal só para não causar climão? A hipocrisia é mais aceita que a autenticidade?

Viver uma existência de aparências, fingindo que nada de ruim acontece, negando as dores e colocando para baixo do tapete os traumas faz da nossa vida uma vida feliz?

É preciso maturidade para encarar os porões escuros e entender que não precisamos permanecer ali, mas fingir que eles não existem também não resolve. É preciso encará-los, para então ventilá-los.

Romper com a hipocrisia é difícil, principalmente se você foi criado com ela. Viver uma vida autêntica, fiel ao que você acredita, sem medo de não corresponder ao que esperam de você e sim coerente com o que seu coração sente, é desafiador e nem sempre visto com bons olhos. Quando nos acostumamos a receber amor em forma de aprovação e elogios, nos viciamos no perfeccionismo, e ele nos rouba de nós mesmos.

A autenticidade não existe sem coragem. É preferível não ser amado do que trair a nós mesmos em busca de aprovação. Já não me interesso por cafezinhos com quem me trata mal só porque preciso manter a política da boa vizinhança.

Toda alegria precisou de uma tristeza para existir

Toda coragem surgiu a partir de um medo

Toda busca por segurança brotou de um abandono

Todo amadurecimento veio da dor

Toda força nasceu em um deserto

Toda cura emergiu do perdão

# Gente feliz não incomoda ninguém

Outro dia, ao ser indagado sobre sua ex-namorada, um amigo respondeu: *Torço pela felicidade dela. Gente feliz não enche o saco de ninguém.* A frase e o contexto em que foi respondida me fisgaram. Pois é isso mesmo. Por mais difícil que tenha sido um término, ele pode se tornar ainda mais difícil e doloroso se uma das partes estiver profundamente infeliz. Do mesmo modo, qualquer relacionamento pode se tornar tóxico ou insuportável se uma das partes for insegura, ter baixa autoestima ou estiver atravessando um período complicado. É preciso entender que nem sempre o relacionamento é ruim; muitas vezes, o sentimento interno das pessoas envolvidas é que o tornam ruim.

Quantas vezes não estamos bem, e acabamos tendo uma percepção distorcida do mundo ao nosso redor? Quantas vezes nossa infelicidade ou insatisfação atinge a visão que temos das pessoas e das coisas, e acabamos filtrando de forma deturpada palavras e ações de quem está ao nosso lado? É importante estarmos atentos às nossas próprias emoções, pois muitas vezes interferimos de forma negativa em nossos relacionamentos devido à dificuldade de lidarmos com nosso mundo interno.

Gente feliz não se incomoda com o sucesso alheio, com a roupa que fulana vai vestir, com a última postagem de ciclano na rede social, com as escolhas da Maria, com as desistências do João, com a felicidade de quem quer que seja. Gente feliz vibra por você, e não torce o nariz quando te vê crescer.

Quando meu filho era pequeno, qualquer lugar – por melhor que fosse – se tornava um péssimo lugar se ele não estivesse bem (com sono, fome ou qualquer outro incômodo). Porém, qualquer lugar – por pior que fosse – se tornava o melhor lugar se ele estivesse calmo e feliz. Assim era meu pequeno; assim somos nós. A felicidade não é determinada pelo que acontece fora de você, e sim dentro.

Quantas vezes você experimentou começar um relacionamento com alguém por quem não tinha tanto interesse, e percebeu – automaticamente – a outra pessoa ficar completamente apaixonada por você? E, ao contrário, quantas vezes você afugentou alguém por estar completamente obcecada por essa pessoa? A resposta para esse fenômeno está no peso de nossas emoções. Quando temos interesse, bate também o medo de perder, e com isso... perdemos.

É preciso cuidar mais de nós. Amparar nossos medos, soltar nossas inseguranças, resgatar nosso amor-próprio. Curar nossas feridas, ventilar nossas culpas, libertar nossos ressentimentos. Entender que o mundo que temos à nossa disposição é o reflexo do nosso mundo interno, e se temos tanta necessidade de controlar a vida alheia, talvez seja o momento de nos perguntarmos: que emoções estão fragilizadas dentro de mim?

Quem carrega medo dentro de si, quer dividir o medo com você

Quem carrega tristeza dentro de si, quer dividir infelicidade com você

Quem carrega amargura dentro de si, quer fazer da vida do outro um inferno

Quem carrega amor dentro de si, quer dividir amor com o mundo

Quem carrega felicidade dentro de si, quer dividir otimismo e alegria com você

Quem tanto quer cuidar da vida do outro, é quem precisa cuidar mais de si...

Quando você entender
que você pode ser o melhor lar para si mesmo
você aprenderá a selecionar seus afetos
os ambientes que frequenta
as conversas que se permite escutar
a paz que deseja sentir

# Prateleiras

Estou reorganizando minhas prateleiras. Tirando pessoas, acontecimentos e lembranças dos espaços principais e colocando em outros lugares, menos acessíveis e mais coerentes com a relação que mantenho com eles. Estou limpando minha estante, esvaziando minhas gavetas e renovando minhas prioridades.

A vida precisa de faxina e mudanças de prateleiras. De vez em quando é vital trocar pessoas e lembranças de setor, readequar o mérito e prioridade das coisas, variar a importância que a gente dá àqueles que não nos priorizam. É primordial atualizar os lugares para que a vida flua com mais leveza.

Muitas vezes mantemos pessoas e acontecimentos em prateleiras preferenciais, arejadas e limpas, e o tempo nos mostra que devemos mudar essa configuração, pois estamos priorizando algo que não deveria ser priorizado. É preciso mudar as prateleiras, ventilar, oxigenar.

Nem sempre conseguimos enxergar de imediato. Muitas vezes nossa percepção falha, e demoramos a enxergar que estamos mantendo pessoas e lembranças em prateleiras especiais, quando elas já deveriam ter mudado de posição faz tempo.

Sempre que falta leveza numa relação é porque uma das partes está colocando o outro na melhor prateleira e está recebendo de volta um lugar apertado, sem ventilação e consideração. A ansiedade e a expectativa são sintomas de quem trata como prateleira quem o trata como caixote.

Não confie nos seus pensamentos em dias ruins

Não confie na sua mente quando estiver muito cansado

Não se deixe levar por suas deduções quando estiver muito ferido

Não acredite em seus julgamentos em momentos de dor

Não ouça a voz da sua cabeça quando estiver confuso

Desligue o celular

Tome um banho morno

Vá para a cama mais cedo

(amanhã é outro dia)

# A melhor fatia

Guardamos o melhor de nós para quem queremos guardar. Reservamos nosso lado mais gentil, acolhedor, amoroso e recíproco para quem desejamos reservar. Muitas vezes, porém, desperdiçamos nossa melhor fatia com quem não saberá apreciar. Outras vezes, esperamos receber o melhor pedaço de quem não tem a intenção de compartilhar.

No início, algumas pessoas nos oferecem a melhor fatia, com os ingredientes mais bem selecionados e uma explosão de cores e aromas. Você se deslumbra, e aos poucos se acostuma com a textura aerada ou folhada, com o toque sutil de canela ou noz moscada, com a magia da baba de moça tão bem elaborada. Aos poucos, porém, percebe que o recheio não está tão fresco – muitas vezes chega vencido – e falta granulado no seu brigadeiro. O doce de leite com ameixa parece mais água com açúcar e caroço, e você se pergunta onde foi parar o sabor, a qualidade e o requinte que um dia lhe foram destinados e hoje não mais.

Algumas pessoas conseguem manter a qualidade, o sabor e a textura mesmo que tenham que dividir a torta em inúmeros pedaços. Outras, porém, só conseguem oferecer algo primoroso e requintado – claras em neve batidas à exaustão – a um alvo de cada vez. Há quem ofereça diversos pedacinhos, muita quantidade, sem nenhuma qualidade, às mais variadas pessoas. E existe quem demora para oferecer uma fatia, mas quando oferece... ah... é uma explosão de ganaches, trufas, glacês, chantillys, pudins, churros, avelãs e o que mais se desejar.

Se você tem reservado a melhor fatia de si mesmo para alguém específico – esperando receber em troca um pedaço de qualidade similar ou superior – e só está ganhando uns farelos xoxos de um bolinho de fubá seco, sem graça e sem erva-doce, cuidado. Algumas pessoas não merecem nem o granulado do nosso brigadeiro.

Talvez seja hora de aprender a reservar a melhor fatia a você mesmo. E, caso sobre algum pedaço, você decidirá dividi-lo ou não com alguém, sem a gana de esperar uma mísera cereja em troca. Se você dá a si mesmo o melhor, o que virá depois será apenas acréscimo, um toque a mais, um agrado que você poderá aceitar ou não.

E agora me recordo de uma das cenas cinematográficas mais lindas que representam comida: a difícil escolha de Patrick "Patsy" Goldberg, no filme *Era uma vez na América* (*Once Upon a Time in America*). Para quem não assistiu, o menino – que transita entre a infância e a adolescência – compra uma fatia de torta de charlotte russe com chantilly para a prostituta Peggy, uma adolescente que troca favores sexuais por doces.

Porém, enquanto aguarda ser atendido por ela, Patrick se vê frente a frente com o pedaço de bolo. Resistir ao doce parece ser mais difícil que resistir aos encantos da prostituta, e por isso ele luta contra o instinto de abrir o pacote da confeitaria. No início, ele abre só um pouquinho. Enfia o dedo na montanha de chantilly e prova a cobertura. Aos poucos, porém, junto da trilha sonora que segue melancólica, quase de partir o coração, o tormento do menino cresce. Ele fecha o pacote, depois abre novamente, tira a cobertura de cereja, coloca-a novamente. Entre a fome e o desejo sexual ou, entre a ingenuidade do menino e a força do adulto, vence a fome. E assim, depois de resistir por um longo tempo, ele ataca o bolo de uma vez só, engole tudo impetuosamente, sem parar.

O filme é um clássico que merece ser revisitado sempre. E essa cena em particular é, na minha opinião, uma das melhores do cinema.

Para quem você guarda a melhor fatia de si mesmo? Quem tem o melhor recheio, a melhor cobertura, a raspa de chocolate amargo? Você conseguiria dar fatias de qualidade para diversas pessoas? Ou separa as melhores fatias para um grupo seleto; quem sabe uma só pessoa em particular? E, afinal, o que você guarda para si mesmo?

PARTE III

# A saudade me tirou para dançar e eu recusei (Limites)

# Não é porque a saudade te tirou para dançar que você tem que aceitar

Já fui nostálgica. Bem apegada ao passado, iludida com os filtros que eu mesma colocava naquele tempo que vivi e acreditei ser inesquecível. Amadureci, e enquanto a ficha caía, fui percebendo que a mente nos prega peças, tem o costume de filtrar os acontecimentos e reter na malha os detalhes bonitos, enquanto deixa escoar para o ralo todos os perrengues, dificuldades, sufocos e tristezas. Estratégia sábia, ainda mais se você é uma pessoa que não se vitimiza nem se apega a mágoas; que não fica remoendo arrependimentos, remorsos e tristezas antigas. Então só restam as boas lembranças, e parece normal acreditar que "naquele tempo" tudo funcionava melhor, a gente era mais feliz, a vida fluía perfeitamente.

Quem nunca teve adoração por aquele tio distante, que só vinha de vez em quando e enchia a casa de doces e figurinhas? Ele parecia perfeito, pois não estava ali todo dia, não era o trivial, o famoso "feijão com arroz", e por isso sua presença parecia mágica. Faz parte da nossa humanidade valorizar tudo aquilo que é raro, escasso, atípico, menos disponível, inconstante e eventual.

Nada atenua a dívida de uma saudade. Ela cobra cada detalhe que parecia ser insignificante, explora cada dor que parecia curada, esmiúça toda circunstância que poderia ter sido e não foi, cutuca toda casquinha de machucado que parecia cicatrizado, vasculha cada miudeza que teve significado.

A saudade me tirou para dançar e eu fui. Deixei que ela me conduzisse e ditasse o ritmo. Ela me levou pra perto de minhas faltas, ausências, frustrações. Desenterrou histórias antigas, trouxe à tona sentimentos vencidos, desalojou certezas e bagunçou seguranças. Não gostei da dança. Da próxima vez vou deixar quieto, baixar o volume da música e quem sabe dormir um pouco, pra ver se a danada me esquece.

Porém, não é porque a saudade te tirou para dançar que você tem que aceitar. A saudade não pede licença, não quer saber se você teve um dia difícil, se está com fome ou sede. Ela simplesmente chega e te chama para bailar. Mas você não é obrigado a ir. Não deixe que uma dança coloque a perder tudo o que você fez para esquecer.

Você pode simplesmente deixar que ela aumente o som, baile sozinha na proximidade do seu peito, traga lembranças que você jurou ter esquecido. Porém, não é porque a saudade se aproximou que você tem que sair dançando com ela. Se segure, não procure, se proteja de si mesmo. Vá conversar com um amigo, resolver o sono atrasado, atualizar aquela playlist animada. Mas não deixe que ela te conduza para um lugar que você sabe que vai te machucar.

A saudade vem em ondas; suave num momento, muito forte em outro, quase imperceptível numa manhã de sol, arrasadora numa tarde de chuva. Deixe que ela venha, e abra caminho para que ela passe. Não ceda ao impulso de vasculhar, stalkear, mandar mensagem. Apenas abra caminho e deixe que ela passe.

A saudade é um lugar de faltas, incertezas, carências, impossibilidades e mal resolvidos. É por isso que a gente tromba tanto nela. Mas não é porque está doendo agora que você tem que ceder, e colocar tudo a perder. Essa dor vai passar, e se você não retroceder, vai chegar um dia em que ela vai ser só uma lembrança distante, uma dança que você recusou, um teste difícil pelo qual você passou.

Poesia

é andar de sapatos baixos numa rua de paralelepípedos

observar a lua

beber cerveja num copo americano

ouvir o lado A e o lado B de um vinil

revelar fotos e emoldurar num porta-retratos

cultivar um jardim

ter um vaso de samambaia na sala

sorrir ao se lembrar de alguém

observar as pintinhas de envelhecimento nas mãos da mãe
e se emocionar

aprender a tricotar

ter um jogo americano de crochê

fazer uma playlist falando de saudade

dançar descalço na grama

café com bolo de fubá

barulho de chuva

amanhecer na praia

dedicatória em livros

se encantar com o ordinário e simples

# Às vezes você vai ter que aceitar ser o vilão da vida de alguém, para ser o herói da sua própria história

Há um ditado que diz: *Bondade repetida gera expectativa e, com o tempo, torna-se obrigação. Por fim, bondoso vira vilão.* Às vezes demora pra gente entender que colocar limites muitas vezes nos torna "vilões" da vida de alguém, mas isso nos torna heróis de nossa própria história.

Quantas vezes não fui a vilã de minha própria existência, engolindo raiva, ressentimento, me sentindo ansiosa e esgotada simplesmente por não saber impor limites ou dizer "não"? Me machucando internamente para que todos ficassem bem, ou no mínimo felizes comigo? Sem saber que aqueles que se beneficiavam da minha falta de limites na verdade eram os que mais precisavam deles?

Colocar limites nos aproxima de nossa versão mais autêntica, e nos afasta da versão de nós mesmos que existe somente para agradar.

Algumas pessoas irão construir uma imagem que represente você, e essa é a versão *delas* sobre você, não quem você é de fato. Essa é a versão que, para elas, é mais fácil de amar. E quando você expõe quem realmente você é, muitas vezes destrói a ilusão que essa pessoa criou a seu respeito, e isso pode ser doloroso para elas. Mas entenda: esse é um problema delas, não seu. Você não precisa mudar quem é para se encaixar no modelo que outra pessoa criou para você.

Estabelecer limites é autocuidado. Pois, quando você aprende a dizer "não", você aprende a se preservar, a se ouvir, a andar no seu ritmo, a se portar naturalmente, a se vestir como deseja, a escutar seus desejos, a entender o que é importante para você. Você começa a se valorizar, a refletir antes de conceder permissões, a se conhecer e se priorizar. Você se torna herói da história que quer contar, mesmo que isso signifique ser vilão na vida de alguém.

O simples me encanta

convida a descomplicar

a investir no instante

a encontrar beleza no ordinário.

# Algumas pessoas irão se afastar quando você se posicionar e estabelecer limites. Se isso acontecer, encare como livramento

A forma como você se trata é a forma como você mostra ao mundo como deseja ser tratado(a). Se você aceita qualquer tratamento da vida e das pessoas, sem proteger sua paz, sem blindar sua energia, sem colocar limites, sem priorizar o respeito por si mesmo(a), é isso que você terá.

Quando passamos muito tempo aceitando qualquer tratamento da vida e das pessoas, incapazes de nos posicionar; incapazes de dizer "não"; incapazes de dizer "eu prefiro de outro jeito"; incapazes de impor limites e exigir o mínimo de respeito, atraímos para nossas vidas pessoas com pouca empatia e situações que sugam nossa energia.

Pessoas pouco empáticas irão se ofender com seu posicionamento, nomeando-o como reclamação. Pessoas pouco empáticas irão encarar seus novos limites como frescura, e tentarão impedir sua liberdade de expressão. Pessoas pouco empáticas não saberão te ouvir, muito menos te pedir perdão.

Gente madura reconhece os próprios erros, volta atrás, pede desculpas. Maduros não tratam seus sentimentos feridos como reclamação, nem fingem que você é ruim para se livrar da culpa e não ter que te pedir perdão.

Gente madura sabe que relacionamentos saudáveis requisitam conversas difíceis, e tudo bem. Evitar o conflito para manter a paz muitas vezes leva a uma guerra interna. Gente madura sabe ouvir, dialogar, entrar num acordo. Maduros não tratam como crítica, insatisfação ou reclamação a sua necessidade de se posicionar e fazer o que é melhor para si mesmo.

Gente madura sabe que o que dói nele, não dói no outro. E o que dói no outro, não dói nele. Assim, maduros sabem cuidar das próprias dores, mas nunca, jamais, desprezam ou duvidam da dor de alguém. Ao contrário, são gentis e têm empatia pela dor do outro, principalmente se foram eles que a causaram.

Gente madura e empática não fica na defensiva, levando para o lado pessoal e assumindo como crítica a sua necessidade de dizer o que quer e o que pensa. Maduros não irão inverter o jogo, tentando te culpar porque você "ousou" contestar ou discordar. Ao contrário, maduros sabem ouvir e se retratar.

Algumas pessoas irão se afastar quando você se posicionar e estabelecer limites. Se isso acontecer, não lamente a falta delas, muito menos volte atrás. Quem não aceita seus limites e fica chateado quando você se posiciona, não merece destaque em sua vida. Se respeite, proteja a sua paz e não permita abusos.

Se você se posiciona com educação, expõe o seu limite, diz o que tolera ou não numa relação e a outra pessoa encara isso como crítica ou reclamação, menospreza seu posicionamento e desconsidera seus argumentos, não insista. Deixe que o tempo e o silêncio tragam entendimento. Porém, se nada disso adiantar, torço para que você se cure de quem nunca te pediu perdão; que você se desapegue de quem nunca reconheceu que te feriu...

Se lembre diariamente

daquilo que é importante para você

daquilo que você estabeleceu como limite

daquilo que deve ser respeitado dentro de si para uma existência de paz

dos lugares que te fazem bem e daqueles para os quais você nunca mais quer voltar...

# Quando a sua "brincadeirinha" constrange o outro, não é só brincadeira. É desrespeito

Demorei muito para aprender a impor limites. Sendo absolutamente sincera, ainda não aprendi. Mas estou no processo. Um dia de cada vez, sendo desafiada a cada instante: caindo e levantando, errando e acertando, falhando e aprendendo com meus erros.

Ninguém nasce sabendo. Frase clichê, mas absolutamente verdadeira. Além de não nascer sabendo, aprendi de forma distorcida. Em minha formação, quase não havia privacidade, esbanjava-se falatório sobre a vida de todo mundo, era normal se intrometer na intimidade do outro. Ser alguém que não nega um favor – mesmo que isso significasse abdicar de si mesmo – era valorizado, e sofrer abusos físicos ou psicológicos era negligenciado.

Quando você cresce sem aprender a impor limites – porque seus cuidadores, eles mesmos, não sabiam impor limites também – você vai permitindo abusos em sua vida como se fossem coisas normais, autorizadas, legítimas.

Cresci numa família em que os limites eram desrespeitados, e por isso nunca soube impor limites nas minhas relações familiares, de amizade, amorosas. Quando entrei na faculdade, me esforcei para ser uma menina "legal". Queria ser aceita, amada, admirada. Na minha cidade natal tinha sofrido bullying, e jurei que isso jamais se repetiria. Porém, na cidade nova em que ninguém me conhecia, construí uma personagem sempre disposta a fazer os outros rirem, criando disfarces para minhas inadequações, dores e dissabores.

Eu praticava autobullying, antecipando aquilo que acreditava que – invariavelmente – aconteceria comigo. Era divertida, engraçada, gente boa..., mas não me protegia. Era uma personagem que fazia rir porque trazia à tona aquilo que as pessoas levavam anos tentando esconder. Acabava com minha reputação satirizando traumas, fraquezas e dificuldades. Com aparente leveza e bom humor, me humilhava para redimir todos ao meu redor.

Porém, há um preço alto a pagar quando você tenta ser legal e acredita que, para isso, não há limites. Quando você deixa de se proteger para priorizar o bem-estar do outro. Quando você abre mão de si mesmo para favorecer o outro. Quando você deixa de se cuidar para atender às necessidades do outro. Quando você é desrespeitado e ri da situação para não constranger o outro.

Faço terapia há anos e, aos poucos, tenho aprendido a me proteger. Porém, de vez em quando surgem situações inéditas, colocando em xeque aquilo que parecia assimilado e aprendido.

Quantas vezes não ri da "brincadeira" de mau gosto de alguém para não criar climão, mas no fundo me senti constrangida? Quantas vezes não fingi que gostei da piada, quando no fundo me senti desrespeitada?

Fica a dúvida: será que o outro é sem noção ou eu que dei liberdade demais? Tenho me perguntado isso, pois, como eu disse, sempre quis ser uma pessoa "legal". Alguém que ri de si mesma, que não se ofende com qualquer besteira, que é divertida e amiga de todos. Porém, algumas pessoas confundem amizade com excesso de liberdade. E há um limite tênue entre ser legal e ser permissiva. Uma linha sutil entre ser amigável e autorizar abusos.

Aos poucos tenho aprendido que não preciso abrir mão dos meus limites em prol de ser uma pessoa divertida e legal. Não preciso autorizar constrangimento e invasões de minha privacidade em favor de ser aceita e amada. Não preciso descuidar de mim, autorizando interferências não solicitadas na minha vida em nome da "política da boa vizinhança".

Até que ponto é saudável disfarçarmos nossa inadequação, timidez e medo do abandono com frases ousadas e bem humoradas, como se a vida fosse uma sitcom? Até que ponto é saudável nos autoboicotarmos, fazendo caricaturas de nós mesmos em prol de sermos pessoas divertidas e legais? Qual o preço de rirmos de nós mesmos ao ponto de as pessoas perderem o respeito por nós?

Não defendo a insegurança, o medo de que enxerguem minhas fraquezas, a incapacidade de confiar e me tornar íntima de alguém. Porém, é preciso saber em quem confiar. É preciso selecionar para quem dar liberdade. É preciso escolher quem merece estar conectado(a) intimamente a mim.

A carência nos torna pouco seletivos. Ansiamos tanto pelo afeto de alguém que nos tornamos permissivos. Desejamos tanto ser vistos e admirados que não nos protegemos. Almejamos tanto ter um milhão de amigos que não percebemos as armadilhas. Pretendemos tanto a popularidade e o amor que abrimos as portas de nossa intimidade para lobos em pele de cordeiro. Queremos tanto ser aceitos e criar conexões que permitimos abusos.

Com o tempo a gente aprende: nem todos vão gostar da gente, e está tudo bem. Não precisamos fazer esforços sobre-humanos para sermos aceitos e amados, passando por cima de nossa dignidade, permitindo desrespeitos e abusos, rindo daquilo que nos constrange e fazendo cara de paisagem para aquilo que nos desagrada.

Às vezes a gente se apega tanto à nossa rotina

e às nossas miudezas

que fica difícil aceitar que a vida é janela aberta em noite de vendaval.

E mesmo que haja a tendência de querermos manter cada coisa em seu lugar

a existência não oferece pausas nem espera a gente retomar o fôlego.

Tenho aprendido que vendavais são a forma que Deus encontrou de nos mostrar que não controlamos nada.

A única coisa que podemos realmente fazer é aceitar o humor variante que a existência tem e dançar conforme a música, cuidando mais de nós mesmos em primeiro lugar.

Você é seu maior compromisso.

# - O que você faz quando alguém o trata mal? - Eu me trato bem e vou embora

Cecília era uma mulher intensa. Do tipo que, quando ficava triste, se desidratava. Quando ficava feliz, cintilava. Quando amava, transbordava. Quando sofria, se despedaçava. Por isso, tinha muito medo de se quebrar em pedacinhos tão miúdos que seriam difíceis de colar. Assim, preferia sofrer a conta-gotas, remendando com cola instantânea os caquinhos diários a se estilhaçar de uma vez e para sempre.

Muitas vezes, para evitar discussões, a gente congela. Para fugir de brigas, a gente engole sapos. Para não entrar em embates, a gente releva. Para não desgastar o relacionamento, a gente se cala. Para não perder a amizade, a gente diz "sim" quando gostaria de dizer "não". Para não causar estresse, a gente finge que não liga. Para não contrariar o outro, a gente se contraria.

Se você acredita que precisa se ferir para não ferir o outro; se contrariar para não contrariar o outro; se desvalorizar para manter o outro por perto; talvez você tenha sido tão machucado que entendeu tudo errado. E acredita que não é possível alguém te amar se você se posicionar, dizer que prefere de outra maneira, negar um favor.

Mas deixa eu te contar: as pessoas não ficam porque você aceita tudo, releva tudo, fala tudo o que elas querem ouvir. As pessoas podem até se aproveitar dessa docilidade; mas geralmente ficam com quem se prioriza; valorizam quem se valoriza; e amam quem se ama.

Se você aceita a indiferença e a grosseria; se você permite o desrespeito; se você tolera brincadeiras de mau gosto; se você não se afasta de quem invade seu espaço e o trata mal; se você autoriza o desprezo e não faz nada a respeito – sinto lhe informar, mas você está comunicando ao mundo que não tem valor algum, e o Universo o tratará como tal.

Se só você vai atrás depois de um desentendimento, só você pede desculpas, só você quebra o gelo, talvez seja hora de domar a ansiedade e se afastar. Deixar o tempo agir e peneirar o que deve continuar. Se a pessoa não se importa em te perder, é hora de desocupar a mente e o coração.

A gente não devia se acostumar com machucadinhos que parecem bobos, inocentes e toleráveis, mas que rasgam a pele. Esses ferimentos diários parecem imperceptíveis, mas são como cacos de vidro na autoestima. Se os aturamos por muito tempo é como se, para manter o equilíbrio, não nos importássemos com nossa dignidade e desistíssemos de nós mesmos.

Cecília tinha tanto medo de se estilhaçar que acabava aturando feridinhas inocentes na autoestima. Ia se tornando mais resiliente a cada dia, e não percebia que fazia concessões diárias que não devia.

Cecília amava Léo. E não queria perder Léo. E, para não perder, tirava um pouquinho do amor que tinha por si mesma e dava a Léo. Assim, ia reservando cada vez menos porções de amor para si mesma e oferecendo porções cada vez mais generosas a Léo. Porém, o que ela não sabia é que quem se doa além da conta comunica ao outro que não tem valor. Como Léo valorizaria Cecília se nem ela mesma se valorizava?

Depois de algum tempo você aprende que quando uma pessoa o trata mal, você deve se tratar bem e ir embora. E você aprende que não deve permanecer onde há indiferença, grosseria, falta de respeito, falta de limites. Descobre que deve partir sem olhar para trás, e só reconsiderar se houver arrependimento genuíno e pedido sincero de perdão. E você entende que é preferível chorar pelo fim de um relacionamento a chorar pela perda do amor-próprio e da dignidade.

Não tenha medo de partir. É preferível ser lembrada como a pessoa que foi embora e nunca mais voltou do que ser lembrada como a pessoa que, mesmo sendo tratada como um capacho, não teve forças de fazer as malas e ir embora.

Porcelanas quebram,

meias de nylon desfiam,

cafés esfriam,

pipocas não arrebentam,

pessoas mudam,

relacionamentos se transformam.

Deixe as coisas acontecerem, não perca sua vida colando os cacos ou tentando evitar que o vinho entorne. Confie no tempo, dê uma chance à sabedoria da vida, usufrua o momento. Você não tem o controle.

## “Não gaste mensagens com quem não te responde. Não gaste palavras com quem não te escuta e não gaste a sua vida com quem não te merece”

A gente sempre sabe quando acabou, quando nunca existiu, quando mudou. A gente percebe quando está batalhando por algo que deveria vir facilmente, espontaneamente. A gente sente quando está forçando nosso lugar onde não nos cabe, e nunca irá caber.

Porém, muitas vezes a gente finge que não sabe; faz-se de bobo diante de indícios claros de falta de reciprocidade; insiste em enxergar sinais nas entrelinhas; se recusa a acreditar na inexistência de interesse ou amor.

Às vezes a gente quer tanto alguma coisa que acaba aceitando o que não devia admitir, concordando com o que irá nos machucar, relevando o que não devia tolerar, permitindo o que irá nos magoar.

Quando estar com alguém nos custa a dignidade, o autorrespeito e o amor-próprio, está na hora de dizer *chega*. Você sabe, ninguém precisa te falar.

Quando gostar de alguém te causar dor, desconfie. Amor não rasga, não machuca, não fere. Amor é fácil, simples, direto e claro. Amor responde, não deixa no vácuo, não joga nem manipula. Amor não destrói sua autoestima, não desgasta seu emocional, não te deixa fora do normal. Amor escuta, leva a sério, tem consideração. Amor não faz você chorar pela falta de explicação.

Amor é certeza, clareza, firmeza, segurança, precisão. Amor não fica em cima do muro, na indecisão. Amor é coerência, encaixe, coragem, determinação e disposição. Amor não joga, não vacila, não emudece. Amor não silencia, não deixa no vácuo, some, desaparece. Amor é ação e definição, o resto é conversa pra enganar o coração.

Quando há emoção e sentimentos envolvidos, a mente nos prega peças. E muitas vezes nos enganamos, não enxergamos os sinais, mergulhamos em piscinas superficiais. Porém, há um sinal que nunca deveria ser ignorado: a presença ou ausência de reciprocidade. Se você investe e a outra pessoa não faz o mesmo, recue. Se você recua e a outra pessoa fica confortável com isso, repense.

Finalmente, aprenda a cuidar de você. Nenhum amor vale o desequilíbrio de suas emoções. Nenhum afeto merece a perda de sua paz. Assim, se vale algum conselho, *não gaste mensagens com quem não te responde. Não gaste palavras com quem não te escuta e não gaste a sua vida com quem não te merece.*

Se cure

para não ser carente, frustrado, ressentido ou amargurado

Se cure

para não machucar outras pessoas

Se cure

para que possa enxergar a realidade tal qual ela é, e não como uma projeção repleta de paranoias

Se cure

para não se iludir facilmente

nem criar expectativas a partir de sinais vagos

Se cure

para que remova seus escudos

e consiga confiar na vida

Se cure

porque um corpo curado

transpira uma energia magnética

que atrai alegria e paz

# Não permaneça em lugares que te machucam repetidamente

Dias atrás refleti sobre a dificuldade que temos de romper vínculos – muitas vezes nocivos – que mantemos durante a vida em prol das vantagens – mínimas – que eles nos oferecem. A pessoa te feriu 3, 4, 5, 10 vezes. Você jura que vai voltar lá pra ela te ferir 11, 12, 15 vezes ou mais?

Dependência emocional é como voltar àquela manicure que tira bifes da sua cutícula e faz inflamar o dedo todo só porque ela tem bom papo e atende perto da sua casa. Mesmo sabendo que vai machucar, você deixa que ela tome conta de você. Mesmo percebendo que levará semanas para cicatrizar, você autoriza que a falta de responsabilidade dela conduza você. Mesmo sabendo que irá se arrepender, você insiste em se expor ao que destrói você.

Você se apega ao mínimo e excepcional – "tenho saudade do que era bom" – e faz vista grossa ao nocivo e habitual: migalhas de atenção; falta de consideração; inconstância e manipulação. Tá com saudade de quê? Da sua necessidade de cobrar o que deveria ser espontâneo? Está na hora de fechar a porta, apagar o contato, abandonar o jogo, decretar falência, desintoxicar a alma, quebrar a dependência, rasgar o caos, desistir da dor.

Dependência emocional é estar comprometido com quem não tem o mínimo comprometimento com você. É ser cliente do cara que faz sua barba cortando sua face, da manicure que tira bifes imensos da sua cutícula, do garçom que sempre traz sua comida fria. É estar na pré-escola e manter amizade com a criança que te bate diariamente só porque ela te convida todo ano para o aniversário dela. Até quando você vai se machucar? Até onde você pode ir, autorizando que alguém possa te ferir?

Sofrer e sentir dor em alguns momentos da vida é absolutamente normal. Porém, não permaneça em lugares que te machucam repetidamente.

Dependência emocional é sofrer a conta-gotas por medo de um sofrimento único e assertivo. É ter apego ao que faz mal, como se não existisse outra opção. É abandonar a si mesmo, deixando a responsabilidade da própria vida nas mãos de outra pessoa. É se nutrir de dor porque não consegue digerir a felicidade.

Certa vez ouvi dizer que os veteranos de guerra retornavam para suas casas e, diante da calmaria do dia a dia, adoeciam de tédio. Estavam tão habituados à dor e à desordem que, quando recuperavam a paz, não parecia certo. Muitos relacionamentos são assim. Você acha que sente falta da pessoa, mas o que está deixando um buraco no seu peito é a ausência do caos, da instabilidade, das migalhas, da dor, *da Guerra.*

Nos ensinaram a perdoar, relevar, não fazer climão ou tempestade em copo d'água. Porém, tão importante quanto manter a serenidade – sem cobranças, tensões ou DRs diárias – é saber abandonar lugares que tiram a nossa paz. Você não é obrigado(a) a nada, e a única coisa que realmente é possível controlar é a forma como você deseja se tratar.

No tempo certo, a gente entende alguns porquês

na distância, a gente enxerga com clareza

no momento em que a mente silencia, a gente compreende
as portas fechadas, os silêncios e a falta de explicação

na ausência, os quebra-cabeças se resolvem

quando estamos prontos, os abismos diminuem

# Uma porta entreaberta dói bem mais que uma porta fechada

Dia desses viralizou no TikTok o vídeo de uma moça que ia "pintar as unhas de clarinho" pela quinta vez, na esperança de ser pedida em casamento. No vídeo, ela dizia que o relacionamento já durava 6 anos, e ela tinha dado um prazo de um ano e meio para que o namorado fizesse o pedido. O prazo havia terminado, e por isso ela estava com esperança de que ficaria noiva. Porém, nem ela mesma acreditava nisso, pois já era a quinta vez que criava expectativas e não acontecia nada.

A moça se expôs e o vídeo viralizou da pior maneira possível. Todo mundo dando pitaco na vida dela, todo mundo opinando contra o namorado, toda audiência falando que ela deveria romper com o moço e seguir a vida longe dele.

É muito fácil a gente olhar de fora e apontar o dedo dizendo que ela está perdendo tempo, se colocando numa posição humilhante, que deveria acabar com tudo e seguir a vida longe dele. Porém, ninguém sabe como é realmente o relacionamento deles a partir de um vídeo de poucos minutos. Ninguém tem a mínima ideia da bagagem emocional de cada um, da maturidade, dos aprendizados e traumas ao longo da vida. Dito isso, acredito que o único termômetro para que essa moça enxergue onde está pisando e onde quer chegar deveria ser algo aparentemente muito simples: *como ELA se sente dentro dessa relação.*

Ela está feliz? Não se sente angustiada tendo que cobrar algo que deveria ser espontâneo? Não se sente frustrada por perceber que ele não faz questão de olhar para o sonho dela e fazer algo a respeito? Não se sente ansiosa e em constante expectativa esperando pelo momento *dele,* pela hora conveniente *para ele*? Ela prefere ter esse homem – do jeito que ele é – a não o ter?

O que Mariana Dias – a moça do vídeo – já deve ter sentido é que uma porta entreaberta pode doer bem mais que uma porta fechada. Pois viver em constante expectativa e esperança, à mercê da atitude ou decisão de outra pessoa, é muito mais angustiante do que conviver com um simples, claro e direto "não". A dúvida pode ser mais angustiante que a rejeição. Pois quem provoca incerteza está gerando pequenas rejeições diárias, a conta-gotas, que vão minando a autoestima e a autoconfiança de quem aguarda, sem colocar um ponto-final ou fechar a porta de uma vez.

Quem ama oferece chaves, escancara a porta para você passar e te dá a certeza de que aquela porta está aberta para você. Quem ama não te deixa na dúvida, não te oferece uma porta meio aberta, meio pesada para você empurrar. Quem ama te dá a clareza do que sente e pode oferecer, não te fazer se sentir mal dentro da relação, não a obriga a explicar de que forma quer ser tratada.

Uma porta entreaberta pode doer muito mais que uma porta fechada, pois quem mantém a porta "pela metade" só age segundo seu próprio tempo e vontade, o que é conveniente para si mesmo, sem respeitar ou levar em consideração os sonhos ou desejos da outra pessoa. Quem mantém a porta entreaberta busca obter vantagem sem oferecer o mesmo, investe o mínimo para receber o máximo, não prioriza quem o coloca em primeiro lugar.

Não existe final romântico em "morrer de amor". Porque amor não mata, não destrói, não nos torna tristes ou piores – piores para nós mesmos. Amor é quando você atravessa portas escancaradas, nunca "meio" abertas, nunca "meio" trancadas, "meio" na dúvida.

Amor é claro. Amor é porta escancarada. Amor é direto e sem rodeios. Amor não joga, não pune com silêncio, não gera dúvidas nem te confunde ao ponto de achar que está ficando louca(o). Amor não inverte os fatos para te fazer sentir culpa nem distorce a história para que você se arrependa de ter estipulado limites.

Uma porta entreaberta pode doer muito mais que uma porta fechada porque a porta entreaberta confunde. Confunde ao ponto de você agradecer por estar recebendo o mínimo e não entender por que se sente tão mal quando ele some, não leva em consideração seus sentimentos, não a prioriza como deveria. A porta entreaberta exerce controle sobre você, pois falas enganosas e comportamentos confusos são formas de manipulação e você se pergunta se está exagerando, fazendo drama ou se protegendo demais.

Talvez um dia Mariana seja pedida em casamento, talvez não. Mas o fato de ela ter que dar um prazo ou ter que dizer diversas vezes de que forma quer ser tratada é uma *red flag* gigantesca. Consideração a gente não cobra. Respeito a gente não exige. Se uma pessoa que você ama não leva em consideração seus maiores desejos ou não respeita a forma como você quer ser tratada (o), essa pessoa não merece estar na sua vida. Se você diz ao outro que algo o machuca e o outro continua agindo como se aquilo não tivesse importância alguma, está na hora de fechar essa porta e colocar um ponto-final.

E, depois disso, não permita que alguém que já a magoou tenha acesso a você novamente. Não justifique o injustificável, não releve comportamentos abusivos, não se culpe nem se arrependa por ter colocado limites. Feche essa porta e jogue a chave fora. Descubra que, mais importante que romper com essa pessoa, você precisa aprender a romper com este mau hábito de permitir que as pessoas façam isso com você. A vida é recíproca com quem se trata bem.

linguagem corporal:
o olhar que desejava
agora ***desvia***.
A mão que buscava
agora ***evita***.
Na hora da fotografia
r e c u a
apoia-se no armário da cozinha.
Não quer **tocar**
o corpo — que antes ***acariciava***.
a linguagem corporal não mente
e naquele momento ela entendeu:
nem sempre são necessárias palavras
muita coisa é dita sem precisar falar.
Ele se esquivou e a ***evitou***
da pior maneira que alguém poderia evitar.
A mão no armário da cozinha
foi o ***adeus*** mais explícito que ela poderia imaginar.
O amor acaba
*nos **detalhes***.

# Se uma pessoa o evita, dê a ela sua ausência

Nem sempre percebemos os sinais de imediato. Muitas vezes, desejando acreditar que é só uma fase, ou que "estamos criando caso por nada", ignoramos os silêncios, as saídas pela tangente e, principalmente, a linguagem corporal da pessoa que nos evita.

Dizem que 90% da comunicação se faz por linguagem não verbal. Sendo assim, é preciso se atentar aos sinais e às sutilezas da comunicação: um olhar que desvia, um corpo que se esquiva, um desencontro programado, uma mão que se solta da outra num momento importante.

Não permaneça em lugares onde você não é servido da melhor maneira possível. Onde sua presença não é contemplada, e sim evitada. Onde seu afeto não é valorizado, e sim descartado. Onde alguém precisa te desprezar para diminuir a distância entre vocês, já que você é fod@, e ele(a) tem sentimento de inferioridade.

Você é fod@, mas ao lado dele(a) fica com a autoestima abalada. Você é fod@, mas deixa que ele(a) te diminua. Você é fod@, mas aceita que ele drene sua energia, seu poder pessoal, seu amor-próprio. Você é fod@, e por isso precisa sair dessa relação o mais rápido possível.

Se uma pessoa o evita, dê a ela sua ausência. Se uma pessoa o diminui, dê a ela seu esquecimento. Se uma pessoa drena sua energia e seu poder pessoal, dê a ela o adeus mais bem dado que você poderia dar a alguém. Algumas relações acabam não porque falta amor, e sim porque permanecer nelas faz você perder o respeito por si mesmo(a).

A vida presta

quando você se cerca de pessoas que vibram na sua
energia

quando um filme vira uma chave dentro de você

quando uma música acessa uma lembrança boa

quando uma frase num livro te faz fechar o livro e abrir
um sorriso

quando a cama tá cheirosa depois de uma viagem longa

quando seus pais estão com saúde

quando seu filho diz que te ama

quando a ferida cicatriza

quando a dor cessa

quando a paz impera

# Depois de algum tempo, você aprende a deixar as pessoas livres para sentirem sua falta ou desejarem estar ao seu lado

É preciso deixar as pessoas livres. É necessário construir uma existência em que os laços se formam naturalmente, delicadamente, como um cabelo bem trançado: sem rigidez, sem forçar os grampos, sem obrigar cada mecha a permanecer inerte à custa de muito laquê. Às vezes a gente deseja tanto manter os nós atados, que rompemos os elos, quebramos os vínculos, arrebentamos o penteado e despedaçamos as conexões.

É preciso deixar as pessoas livres para se afastarem ou se aproximarem; desobrigadas a mandar mensagens, livres para manterem os vínculos ou não. Algumas coisas devem ser espontâneas, nunca cobradas. Mas você pode aprender a dar um passo atrás quando alguém faz o mesmo, e a se desligar pouco a pouco quando não houver intenção de conexão.

Depois de algum tempo, você aprende a deixar as pessoas livres para sentirem sua falta ou desejarem estar ao seu lado. Você aprende a dar espaço para as coisas acontecerem, para terem saudade ou não de você, para a reciprocidade na comunicação ocorrer. Então você define – a partir daí – quem deve permanecer como prioridade e quem deve deixar de ser.

Quando alguém me vir indo embora sem olhar para trás, saiba que na verdade eu não deixei de olhar porque eu quis. É que olhei tanto, mas tanto, tanto, tanto para aquele lugar sem reciprocidade alguma, que o brilho no meu olhar se esgotou, e tive que partir – sem olhar para trás – para não se consumir minha última chance de ser feliz.

Alguns desencantos não causam raiva nem vontade de chorar. Eles apenas nos anestesiam por completo, e simplesmente perdemos a vontade de lutar.

E é nesse momento, em que invertemos as posições das peças como num jogo de xadrez, que percebemos que só devemos priorizar quem nos prioriza também; e que ninguém sai da nossa vida de uma vez; ao contrário, é aos poucos que as pessoas nos perdem a cada dia.

PARTE IV

# Romantize sua vida (Autocuidado e amor-próprio)

# Romantize sua vida! A vida é sua, os momentos são seus, você é o personagem principal

Durante a pandemia, uma nova *trend* tomou conta das redes sociais. A ideia de romantizar a vida, ao contrário do que parece, veio acalentar almas aflitas e mentes agitadas, trazendo conforto em meio ao caos. Ao olhar para o cotidiano sob a ótica da romantização, muita gente conseguiu encontrar valor naquilo que aparentemente seria ordinário no dia a dia.

Romantizar a vida é enxergar beleza – ou produzir beleza – nas coisas mais simples. Não se trata de fingir que se vive uma vida de contos de fadas, mas reconhecer que qualquer existência, por mais comum que seja, tem o seu glamour – basta ser vista com as lentes ou olhares certos.

Romantize sua vida! Troque a roupa de cama, borrife perfume nos travesseiros, se sirva uma bebida gostosa numa taça especial. Acenda velas cheirosas, faça um varal com luzes amarelas no quintal, prepare um prato especial. Marque seus livros com *post-its* coloridos, escute sua música preferida, organize pequenos cantinhos com sua identidade dentro do seu lar. A vida é sua, os momentos são seus, você é o personagem principal. Se der vontade, fotografe tudo. Eternize seu dia a dia no melhor ângulo, compartilhe sua receita preferida, aumente o brilho e diminua o contraste da imagem que quiser. Romantizar a vida não é futilidade, e sim capacidade de apreciar o que é simples e comum.

Romantize sua vida! Prepare um chá e acrescente pauzinhos de canela, crie uma playlist para seu momento atual, adquira vasinhos de plantas, experimente tocar os pés descalços na grama, durma ouvindo o som da chuva no YouTube. Tome um banho morno e passe um hidratante cheiroso. O protagonista é você, somente você!

Poste sua evolução na academia, seu novo corte de cabelo, a reforma que fez naquele cantinho de sua casa. Leu um livro e gostou de algum trecho? Poste. Fez uma receita nova e o prato ficou bonito? Poste. Se arrumou para sair e está se sentindo bem com o espelho? Poste. Viajou e está deslumbrado com o lugar? Poste. Sua vida não é melhor que a de ninguém, mas se está feliz e quer compartilhar, poste.

Romantize sua vida e não se importe com o que os outros vão dizer. O que pode gerar desconforto em alguns, para outros pode ser inspiração!

Dizem que a cura para qualquer mal é água salgada: suor, lágrimas ou o mar... Para atravessar o ano, eu te desejo uma fé enorme na plasticidade da vida, entendendo que nada permanece sempre ruim; e que chorar um pouco, suar um pouco, ou entrar de cabeça no mar pode curar um tantão de dores, mesmo aquelas não visíveis, que insistem em nos visitar de tempos em tempos. Que você se cure da saudade que paralisa, do passo travado, do medo de ser quem é, das grades que o cercam e o impedem de ver o todo, dos lugares que o machucaram, das pessoas que o magoaram. Que seu corpo transpire e elimine toxinas, palavras mal ditas, situações que minam sua energia, espinhos que ferem sua pele. Que haja esperança, gentileza, alegria e muita água salgada...

# Faça faxinas: em casa e na vida!

Comecei o ano fazendo faxina na minha casa. Não foi uma faxina comum, do tipo que passa um pano no chão, limpa algumas janelas e deixa a louça em dia. Dei férias para minha ajudante, o marido viajou para cuidar do pai doente e aproveitei meus primeiros dias de descanso para colocar ordem na casa. Podei o jardim, comprei mudas novas que plantei em vasos, desmontei o quarto de brinquedos do meu filho (me senti a própria mãe do filme *Toy Story*...), lavei cortinas, troquei roupas de cama, mesa e banho, joguei fora peças quebradas, doei itens que já não fazem parte da minha vida "atualizada". Foram 4 dias intensos de faxina, que mais pareceram uma reforma: da casa e de mim. Ao arrumar meu lar, me despedindo de peças que não fazem mais sentido e trazendo frescor para ambientes que carregavam pesos desnecessários, me senti mais leve.

A vida precisa de faxina. Assim como uma casa, precisa que ventilemos os ambientes, nos despeçamos do que não faz mais sentido, nos desapeguemos do que está quebrado e pode eventualmente nos machucar com suas quinas, pontas e lascas.

Não é saudável guardar objetos quebrados, aparelhos eletrônicos que não funcionam, roupas estragadas e produtos vencidos. Não acho que a solução seja simplesmente descartar; mas pelo menos reformar, consertar, reparar, reciclar. Da mesma forma, é preciso olhar para nossas vidas e não acumular: mágoas, sentimentos unilaterais, dores que não nos cabem mais.

Quando a louça está lavada e a cama, arrumada, a gente raciocina melhor. Da mesma forma, só conseguimos ter mais clareza sobre nossa própria vida, nossos problemas ou nossas possibilidades quando adquirimos um certo afastamento que só é possível quando nos livramos de pesos desnecessários.

Faça faxinas: em casa e na vida! Organize prateleiras, realoje a importância de pessoas e acontecimentos, ensaboe tristezas e varra mágoas. Cole o que pode ser colado, remende o que permite ser remendado; e, acima de tudo, não sinta um pingo de culpa de se despedir de pesos mortos que só acumulam poeira e dor.

Um dia você
resiste e se sente rocha
outro dia você
acorda e percebe que seu peito
foi rasgado por ervas daninhas.
Viver não obedece à lógica
E, por mais que haja disciplina,
o acaso não marca hora;
não pergunta se hoje é dia de yoga
ou se nessa noite você programou lavar o cabelo

Viver
é
corda
bamba

# Quando tiver que escolher entre dois caminhos, escolha aquele que te possibilitará ter paz e equilíbrio para ir atrás de seus sonhos

A primeira cena do filme *Past Lives* é curiosa e provocante. Sentados num bar, uma mulher divide sua atenção entre dois homens. Ora conversa com um; ora, com o outro. A fotografia e os gestos aguçam a curiosidade, e o espectador tenta entender quem é quem nesse jogo. Aos poucos, a história retrocede no tempo e o triângulo amoroso – sensível e com ares de nostalgia e melancolia – se esclarece. O filme todo é carregado de sensibilidade, silêncios repletos de significado, trocas de olhares e gestos que conduzem a narrativa numa dança de idas e vindas no Tempo e Espaço. No final, voltamos ao presente e descobrimos que Nora, a protagonista, tem que fazer uma escolha. Na realidade, ela está escolhendo o tempo todo, e isso também é uma reflexão que o longa traz.

Permaneci alguns dias com o filme na cabeça (talvez o roteiro ainda não tenha me abandonado) e tenho refletido bastante sobre as escolhas e renúncias de Nora que, de acordo com minha percepção, não poderiam ser reduzidas à resolução entre dois caminhos. Nora me ensinou que qualquer escolha, seja ela qual for, deve acarretar a decisão entre três caminhos: a escolha A, a escolha B e, finalmente, a escolha pela forma como eu quero me sentir ao decidir isso. E, talvez, descobrir como eu quero me sentir ao escolher o caminho X e renunciar ao Y, seja a decisão mais importante que eu precise tomar.

Ao decidir por um dos dois caminhos, Nora escolheu a si mesma. Ao colocar na balança os ganhos e perdas que teria com sua decisão, escolheu o caminho que a aproximaria mais de seus sonhos e possibilitaria ter mais paz e equilíbrio para gerir sua vida e conquistar o que desejava.

Quando tiver que escolher entre dois caminhos, escolha aquele que te possibilitará ter paz e equilíbrio para ir atrás de seus sonhos. Escolha aquele que te aproximará da sua melhor versão e não despertará gatilhos de ansiedade e angústia. A escolha certa nos poupa energia e facilita o nosso passo.

Quando você verdadeiramente escolhe ter paz na sua vida, você descobre que essa paz necessitará de uma certa quantidade de adeus. E que essa é uma decisão em que você se prioriza e se escolhe acima de tudo.

Porém, será sempre assim. Em um dia você escolhe ter paz, no outro quer sentir borboletas no estômago e tamborim no peito. Em um momento decide que precisa se livrar de distrações e focar no objetivo, no outro quer esquecer as obrigações e encher a cara num bar. Em uma ocasião busca segurança e estabilidade, em outra arrisca a saúde mental em prol do mantra "só se vive uma vez". Somos seres antagônicos, confusos e contraditórios. Acreditamos em destino, mas queremos ter as rédeas sob controle. Num momento queremos que a vida nos leve, em outro decidimos que "vida leva eu" é coisa de gente irresponsável. Queremos um amor correspondido, mas nos entediamos com a rotina de uma relação duradoura. Almejamos reciprocidade, mas não conseguimos nem ao menos nos tratar bem. Convenhamos: a vida não anda em linha reta – e nem a gente. Então, de vez em quando, teremos que priorizar somente a nossa paz, principalmente quando tudo parecer confuso e caótico do lado de fora.

Às vezes, a decisão certa também pode doer. O caminho certo também pode ser difícil, cheio de contradições e desafios. A escolha correta também pode fazer você encher de lágrimas o travesseiro por algum tempo, mas depois que a poeira baixa, e o coração recupera o fôlego, você percebe que está em paz.

E será essa paz que o aproximará de si mesmo e de seus sonhos.

Não deseje ser perfeito.
Deseje ser aceito em sua
singularidade
ou excentricidade;
em seus momentos de
cansaço e imperfeição.
Não deseje ser perfeito.
Deseje ser inclassificável,
impossível de ser rotulado;
aceito em sua liberdade,
loucura ou pé no chão

# Não leve para o lado pessoal. Nem tudo é sobre você

Autoestima. Palavrinha que ganhou notoriedade nos últimos tempos, e carrega significados distintos. Há muita confusão por aí, e já fui vítima dessas confusões. Achava que se eu tivesse uma autoestima elevada, não permitiria certas atitudes direcionadas a mim. Porém, o que eu não percebia é que nem tudo era sobre mim. E que, ao contrário do que eu pensava, minha baixa autoestima – agravada por doses de insegurança – fazia com que eu acreditasse que qualquer mínima coisinha tinha a ver comigo, ou significava que eu tinha feito algo errado para merecer aquilo, ou revelava que não era tão benquista como eu esperava. Mas a verdade era uma só: nem tudo era sobre mim. E ponto-final.

Não se pode confundir ser trouxa com "deixar pra lá". A gente deixa pra lá quando percebe que nem tudo é sobre a gente, e o outro está travando batalhas internas que respingam mágoa e ressentimento em tudo ao seu redor. A gente é trouxa quando permanece relevando e compreendendo atos de desrespeito e desconsideração.

Por mais que você julgue conhecer alguém, você nunca saberá de verdade o que vai dentro do outro. Que lutas ele trava com a própria mente, que batalhas ele escolhe enfrentar com as próprias emoções, que gatilhos foram acionados naquela manhã. Por isso é preciso entender que nem tudo é sobre a gente. Não levar para o lado pessoal uma falta de resposta pontual; ou não desistir de tudo só porque ficamos confusos com a ausência da reciprocidade habitual.

Ser uma pessoa segura tem dessas coisas. Saber relevar. Saber que a perda é do outro, não sua. Não levar para o lado pessoal um deslize pontual, mas saber que seu valor não diminui pela incapacidade de alguém em enxergar isso.

Você é maior que uma mensagem lida e ignorada; você é maior que um story não visualizado; você é maior que a indiferença, o silêncio ou a falta de atenção de alguém. Não gaste sua energia tentando mudar atitudes alheias ou buscando entender onde foi que você errou. Construa, sim, uma couraça de autorrespeito e autopreservação, e invista sua energia na sua alegria e crescimento.

Não seja trouxa de permanecer em relações que te diminuem, mas saiba diferenciar o que são atos de desconsideração e o que são atos de desligamento da outra pessoa. Tenha uma autoestima tão elevada a ponto de sentir que aquilo não foi direcionado a você, ou não significa falta de amor – e sim está relacionado a questões íntimas do outro.

Por mais que pensemos ter o poder de controlar, não possuímos as rédeas de nada. Mesmo calejados pelas incontáveis vezes em que a frustração assolou nossas vidas, muitas vezes permitimos que a esperança de encontrarmos abrigo em outros corpos seja o fio condutor de nossos dias. Não nos damos abrigo, mas desejamos que o outro seja o nosso lar.

É libertador entender que as atitudes do outro, na maioria das vezes, têm mais a ver com questões dele do que com aquilo que ele sente por nós. É libertador perceber que muitas vezes projetamos em alguém algo que esse alguém nunca será, e que cabe a nós decidirmos se queremos ou não continuar.

Nos relacionamos com nossas projeções, e muitas vezes nos frustramos porque esperamos que a outra pessoa se comporte exatamente como imaginamos. E, pior do que isso, empurramos nossa autoestima ladeira abaixo quando algo não sai conforme o combinado. Entenda: nem tudo é sobre você, e se o outro não te valorizou como você gostaria, ele pode estar num dia ruim; não significa que você não tem valor.

Assim como o tímido carrega a enorme distorção de que todos o estão observando, o inseguro compra brigas com quem acredita que o está ignorando. O tímido é um envergonhado. E sua vergonha leva-o a acreditar que está sendo observado o tempo todo. Mas a verdade é que ninguém está nem aí. Já o inseguro duvida de si mesmo.

E sua dúvida leva-o a exigir reconhecimento o tempo todo. Porém, nem todos estão focados em aplaudi-lo.

A gente é trouxa quando aceita falta de reciprocidade, indiferença e desrespeito. A gente "deixa pra lá" quando entende que nossa energia merece ser investida em outros lugares, em conexões que tragam alegria e crescimento. A gente é trouxa quando se envolve em embates unilaterais e cobra atitudes que deveriam ser espontâneas. A gente "deixa pra lá" quando escolhe preservar nossa paz interior e entende que é melhor silenciar e se afastar a ter que verbalizar e cobrar.

Dizem que “lar não é onde você nasce. Lar é onde cessam todas as suas tentativas de fuga”. Desejo que você encontre um lar. Se não for em um lugar ou em alguém, que seja principalmente em você. Que você se acolha, se proteja, se defenda. Que seja leve, saudável e muito prazeroso estar em casa. Que seu lar seja seguro, confortável e cheio de paz. Que promova tranquilidade e adequação. E que, acima de tudo, te faça querer permanecer.

# Você não precisa de um relacionamento para mostrar ao mundo que tem valor

Perguntam se já tem namorado, se vai ficar noiva, se marcou casamento. Indagam se terá filhos, quando pretende tê-los, se vai parar de trabalhar para criá-los. Querem saber se vai ficar em um filho só, se vai suspender o uso da pílula, se os filhos não vão afetar a carreira. Perguntam se pretende acompanhar o marido na transferência de país, se não é arriscado ficar no Sul enquanto ele está no Nordeste, se vai abdicar da própria profissão para ser uma sombra dele. Palpitam sobre o relógio biológico, a entrega de currículos, a decisão de congelar óvulos. Lamentam a pouca sorte no amor, cobram a excelência em todas as áreas, julgam as tomadas de decisões. Mulheres estão exaustas de agradar, de parecerem perfeitas, de serem cuidadosas para não decepcionar, de cumprirem a lista de metas que se espera delas.

Essa semana assisti ao ótimo *Uma garota de muita sorte* na Netflix. O longa é baseado no livro de Jessica Knoll e acompanha Ani FaNelli, uma mulher bem-sucedida, autoconfiante, ocupando um cargo importante numa revista e prestes a ter o casamento dos sonhos. Em suma: uma garota de muita sorte, experienciando a vida perfeita. Porém, logo no início percebemos que Ani (interpretada por Mila Kunis) não está vivendo, e sim representando um papel. Ela atua como uma boneca de cordas, falando e agindo de acordo com o que esperam dela, dando "checks" na enorme lista de requisitos necessários para ser uma garota exemplar.

Ani é o estereótipo da mulher perfeita: fala bem, come bem, se veste bem, tem um ótimo emprego e o relacionamento dos sonhos. Porém, é uma farsa. E, quando antigos fantasmas vêm à tona, ela tem que encarar a própria história e a própria dor. Assim, é obrigada a confrontar a vida que escolheu para si: uma vida de aparências, milimetricamente articulada para encobrir seu passado e dar novo sentido aos seus dias. Ao contrário do que pode parecer, não desmereço o esforço da protagonista e sim me solidarizo a ela e me enxergo em algumas de suas ações – defesas de uma menina que, para não sucumbir ao sofrimento, sorriu forçosamente para a existência.

O longa traz uma história de carga emocional forte, e acredito que – em diferentes níveis – muitas mulheres já passaram por algo semelhante. Porém, independentemente do enredo de cada uma, acredito que é quase unânime a sensação de que há uma lista de metas a cumprir, um prazo para que essa pauta seja concluída e um sentimento de dever perante esse objetivo, cujo descumprimento poderia aterrorizar como um atestado de pessoa malsucedida e infeliz.

Porém, nenhuma mulher será infeliz se não seguir "a lista de objetivos a cumprir antes dos 30, 45 ou 60 anos". Nenhuma mulher será malsucedida se quiser escrever a própria história, no lugar e hora que ela bem entender. Nenhuma mulher deveria ser malvista por querer ir ao cinema sozinha. Nenhuma mulher deveria ser cobrada por não ter ficante nem namorado, como se isso fosse requisito para uma vida plena e feliz.

Muitas mulheres se desculpam por não terem um relacionamento com alguém, como se isso fosse um defeito, como se não fossem boas o bastante para serem "escolhidas". Muitas mulheres se envergonham por não terem ficante, namorado ou marido, como se estar sozinha fosse uma falha delas. Muitas mulheres adiam o encontro com familiares e amigos, porque se sentem inferiorizadas perante eles, por estarem solteiras. Muitas mulheres aceitam um amor mais ou menos porque preferem ter alguém para apresentar nas festas de fim de ano ou para postar nos stories a não ter ninguém.

É notório que no meu meio, nas conversas entre amigas, haja a constatação de que muitas escolhas (pasmem, principalmente as amorosas) foram concretizadas devido à uma cobrança da sociedade, devido à necessidade de dar "baixa" naquele item da lista de conquistas que se espera de uma mulher antes dos 35 anos.

Ter companhia é bom; amar alguém e ser correspondido, melhor ainda. Encontrar alguém para dividir a vida, contar sobre seu dia e fazer planos é uma baita sorte. Porém, quando "ter um relacionamento" deixa de ser benção e passa a ser obrigação, o que era para ser um presente se transforma em fardo.

Não é pecado querer encontrar um amor e ser feliz. O perigo é usar isso para alimentar o ego. Amor, felicidade e ego não combinam. O amor é benção. Mas quando você busca-o por obrigação e se infla por possuí-lo, ele deixa de ser dádiva. Passa a ser instrumento de sua vaidade. Felicidade e ego não se misturam.

Você não precisa de um relacionamento para mostrar ao mundo que tem valor. Relacionamentos são encontros, e devem ser leves, pacíficos, prazerosos e recíprocos. Quando o objetivo de ter alguém está alicerçado no ego e na vaidade, com o objetivo de provar algo à sociedade, superando até mesmo o afeto e respeito que você tem por si mesmo, está na hora de repensar sua ideia de amor...

Quantos "casais perfeitos" jamais irão se conhecer?

Quantas afinidades e químicas absurdas irão se perder nesse enorme labirinto que é a vida?

Quanto amor se dissipará nessa falta de sincronicidade que permeia a existência?

Agradeça se você já encontrou

Seja grato se você já conheceu e deixou partir

Mas, acima de tudo, não congele sua vida à espera desse momento

A maioria dos grandes encontros que presenciei ou vivenciei ocorreram ao acaso, sem muita expectativa, pressa ou ansiedade

A vida gosta de surpresas...

# Não congele sua vida à espera da pessoa perfeita ou do momento perfeito

Falta de *timing*. A vida é cheia disso, como já foi dito: *A vida é a arte do encontro, embora haja tanto desencontro pela vida*. Assim, a pessoa certa pode chegar na véspera de um intercâmbio de 2 anos para a Austrália, ao passo que alguém que não faz seu coração disparar nem te dá borboletas no estômago pode te encontrar no momento perfeito, naquela brecha do tempo em que tudo encontrou seu lugar e só falta um amor tranquilo.

A vida não está nem aí para aquilo que você considera "o momento perfeito"; ou para o encontro da pessoa certa na hora certa; ou para o seu *timing* ideal. A vida é como uma enorme máquina lançadora de bolas, que vai arremessando diversos globos, de valores variados, o tempo todo. E muitas vezes você vai se ressentir por notar que a máquina lançou a melhor esfera justamente quando você não podia recebê-la, pois já estava com os dois braços ocupados. Ou irá agradecer por estar com as mãos livres e a máquina disparar seu melhor exemplar.

A gente não tem que se ressentir dos desencontros que acontecem. Nem tentar colher todas as esferas, jogando fora as que temos em mãos enquanto agarramos as novidades que chegam. Porém, nesse jogo iremos descobrir que nem tudo cabe na etapa de vida que estamos vivendo. Há momentos em que temos que abandonar algumas coisas para criar espaço para outras chegarem; e há momentos que iremos escolher permanecer com aquilo que tem valor e abrir mão de todo o resto.

Não sei se existe isso de "a pessoa certa na hora errada, ou a pessoa errada na hora certa, ou a pessoa certa na hora certa". Mas o fato é que o Universo costuma agir com abundância a favor daqueles que sabem aproveitar bem o que recebem. A quem muito tem, muito será dado, não é isso?

Não entendo muito acerca das tais "leis da abundância", mas já experienciei – em diversos setores da minha vida – o quão farto ou escasso o Universo pode ser, dependendo da forma como pensamos ou agimos. Assim, inconscientes ou não, atraímos ou repelimos pessoas e situações de nossas vidas de acordo com aquilo que vibramos.

Assim, não congele sua vida à espera da pessoa perfeita ou do momento perfeito. Vá vivendo, aproveitando as oportunidades que aparecem – sendo elas perfeitas ou não – dando chances a si mesmo, acreditando que ninguém entra em nossa vida por acaso, aceitando com humildade e gratidão o que é colocado em seu caminho. Porém, antes que me condenem, não estou dizendo para você aceitar tudo: pessoas tóxicas, relacionamentos abusivos... mas para que consiga enxergar além da primeira impressão, e que não romantize a vida ou as relações, buscando alguém que não existe.

Quando você aprende a não recusar os presentes do Universo, ele envia mais. E quanto mais você aceita, e faz do menor limão a melhor limonada, mais o Universo entende que deve te enviar presentes melhores, pois você sabe multiplicar e usufruir bem os dons. É como um voto de confiança do Universo, sabe? Ele diz: *Toma isso! Transforma no melhor que puder! Transformou? Então agora você merece mais isso! Multiplicou? Então vou te dar mais e mais!!!*

Finalmente, saiba desejar sem obsessão. Não vibre na falta, e sim na abundância. Não foque sua atenção na escassez, em algo que você não tem, mas usufrua com sabedoria o que é seu. Eu já disse e repito: *O leite só ferve quando você sai de perto*. Então acalme seu coração e entenda que os melhores presentes chegam como surpresas, na hora que você não está esperando.

No final, você vai descobrir que não existe pessoa certa na hora errada, nem pessoa errada no momento certo. Tudo é aprendizado, tudo será colocado em seu caminho como forma de te lapidar como pessoa. E, quando você estiver pronto, o que é seu vai encontrar um caminho para chegar até você...

## Se ocupe de você

Se ocupe de relaxar sem culpa

de sentir-se bem na própria pele

de colecionar levezas

Se ocupe de tratar-se bem, de acolher-se, de perdoar-se

Se ocupe de aprimorar seus dons

aprender uma nova língua, tocar um instrumento,
escrever poesia

Se ocupe de cuidar da própria vida, com tudo de bom e
ruim que ela carrega

entendendo que a melhor ocupação

é cuidar bem de nós mesmos...

# A vida e as pessoas irão oferecer a você o mesmo tratamento que você dedica a si mesmo e acha que merece

É ilusão querer escrever nossa história sem sair da linha, sem errar a margem dos parágrafos, sem ter que corrigir uma ou outra palavra usando a borracha. É ilusão acreditar que a vida pode ser redigida conforme nossas regras, com todas as vírgulas e parênteses nos lugares certos, sem espaços em branco, ausências, silêncios constrangedores, falta de reciprocidade. É ilusão considerar que tudo está sob nosso controle; e perder a fé na existência só porque batemos o dedo na quina ou tivemos que recomeçar do zero outra vez.

O mundo está aí para nos mostrar que é ilusão esperar que alguém nos faça sempre felizes; é ilusão achar que podemos ditar as palavras certas que desejamos ouvir; é ilusão acreditar que o amor de alguém por nós será suficiente para nos salvar de nós mesmos.

A única coisa que podemos realmente controlar é o quanto podemos nos tratar bem, principalmente quando o mundo amanhecer irreconhecível. O quanto ainda somos capazes de nos agradar, perdoar, priorizar, preservar, proteger, apaziguar.

O amor do outro será sempre insuficiente se não houver, antes, amor-próprio.

Todos os dias temos uma escolha a fazer. Essa escolha parece simples, mas não é. Temos que decidir se iremos nos fazer bem ou nos fazer mal. Porque a gente escolhe fazer-se muito mal também, e na maioria das vezes não nos damos conta disso.

Preferimos culpar o fulano que não respondeu nossa mensagem, o ciclano que não concordou com nossa postagem, a chuva que chegou sem avisar, a espinha antes do primeiro encontro, o vácuo na declaração de amor, o descaso com a nossa dor, o político mentiroso, a inflação, a falta de consideração. É claro que tudo isso nos afeta, mas de que forma vamos cuidar de nós mesmos, para que nossos pensamentos e ações não tornem tudo ainda mais insuportável?

O que você tem feito por si mesmo(a)? Que presentes você se dá todos os dias? Que cuidados tem com seu corpo e suas emoções? Você se prioriza? Ou abre mão de si mesmo(a) diante da primeira demanda que surge? Cria expectativas, espera que o outro venha te fazer feliz, ou busca e cultiva a própria felicidade? Você vive se culpando, ou sabe que falhas e imperfeições fazem parte desse pacote que é a vida? Você sabe virar a página ou remói decepções e frustrações? Enfim, como indagou Freud: *Qual a sua responsabilidade na desordem da qual você se queixa?*.

Se você não fizer por você, milhares de *likes* parecerão mínimos; centenas de abraços serão insatisfatórios; incontáveis sorrisos soarão como piada de mau gosto; infinitas declarações de amor serão rasas e insuficientes.

Do mesmo modo, se você aceita qualquer descaso; falta de carinho e reciprocidade; migalhas de atenção e consideração; e permanece num relacionamento em que precisa implorar, insistir, cobrar e até jogar para ter alguma dignidade, está na hora de rever a relação que tem consigo mesmo. A vida é recíproca com quem se trata bem.

Pessoas que se tratam bem não aceitam qualquer tratamento da vida ou das pessoas. Quando são mimadas, aceitam o mimo não como um favor, e sim como um merecimento. Quando são menosprezadas, viram a página e não imploram por migalhas. A vida e as pessoas irão oferecer a você o mesmo tratamento que você dedica a si mesmo e acha que merece.

PARTE V

# Para todas as pessoas com o coração partido (Você vai se curar)

# Para todas as pessoas com o coração partido: está na hora de colocar seu coração no gesso

Há um mês passei por uma crise de ansiedade e, em decorrência do estresse, meu corpo adoeceu gravemente. Tive uma pielonefrite com uma bacteremia que deixou os médicos em alerta, correndo com injeções e tentando evitar uma septicemia. O fato é que me assustei. De cama, com febre alta, calafrios e muita dor, refleti sobre a forma como vinha me tratando; como vinha lidando com minhas emoções e meus limites.

Muitas vezes, não damos ouvidos aos sinais que nosso coração emite, e acreditamos que podemos enfrentar tranquilamente qualquer tipo de situação.

Quantas histórias já não ouvimos falar a respeito de alpinistas que, por desejarem tanto chegar ao cume da montanha, não deram ouvidos aos riscos que corriam e acabaram perdendo a vida? Ou de paraquedistas que não quiseram levar em consideração a força do vento, e se acidentaram gravemente por saltar em um dia inapropriado?

Da mesma forma, algumas vezes machucamos nosso coração por acreditar que aquele tipo de relacionamento não irá nos ferir, ou aquela pessoa não irá nos desestabilizar, ou aquele vínculo não irá mexer em antigas feridas, ou aquela conexão não trará à tona nosso lado mais sentimental e vulnerável. Fingimos não ver os sinais, suportamos mais do que podemos tolerar, e disfarçamos nosso mal-estar com uma postura relaxada e descolada, quando no fundo estamos ultrapassando nossos limites.

Às vezes queremos tanto alguma coisa, que a mente racional nos trai. Ela diz: *vem, está tudo bem!*. Porém, apesar de ela nos assegurar que o mar está tranquilo, ou que estamos no controle de nós mesmos, pode ser um engano. Externamente conduzimos bem as coisas; mas internamente, não. Queremos tanto acreditar que damos conta da situação que acabamos não ouvindo nossa alma, a única que conhece os limites do nosso coração.

Apesar da mente consciente muitas vezes parecer calma e equilibrada, o inconsciente abriga pulsões de vida e morte, e é um oceano tumultuado, com grandes mistérios e alguma fúria nas profundezas. Alguns encontros nos trazem paz, pois não tocam nossos abismos. Outras relações, porém, são intensas e desafiadoras, pois despertam nosso "monstro" adormecido e, dessa forma, nos fragilizam mais.

Rupi Kaur, escritora indiana que admiro, tem uma frase no livro *O que o sol faz com as flores*, que diz: *O que pode ser mais forte que o coração da gente, que se quebra em tantas partes e ainda bate?* Essa frase sempre me recorda um conceito que se fundamenta na ideia de que tudo passa – tanto os bons quanto os maus momentos. Assim, é preciso aproveitar os momentos bons com sabedoria (pois eles passam). E tolerar os momentos ruins com resiliência (pois eles também passam). Como um milagre, o coração da gente tem uma plasticidade impressionante, capaz de suportar a despedida dos momentos bons, e igualmente capaz de resistir às adversidades. Porém, é um coração que segue batendo com saudades e cicatrizes.

Assim como um membro fraturado, algumas vezes seu coração ficará tão machucado que precisará ser colocado no gesso. E, como tal, terá que ficar quietinho, sem grandes baques, sem tanta movimentação. É preciso respeitar o tempo de recuperação de um coração que foi engessado. É preciso pausar a intensidade e buscar a tranquilidade. O momento é de repouso, quietude e recolhimento. E depois, quando ele se recuperar, é preciso cuidado. Um passo por vez, como numa fisioterapia de readaptação.

Porém, é sempre bom lembrar: você nunca vai se curar voltando para o que te deixou em pedaços...

Dizem que podemos curar qualquer mal com dois remédios:

**o tempo e o silêncio.**

Deixe o tempo agir

e não tente remendar estragos

costurando-os com suas palavras

Silencie e se afaste

Pause o tempo

e se acolha

Só assim será curado

Só assim haverá alguma chance de recomeço

# “Tem hora que o amor pode doer mais do que a dor”

Hoje concluí a leitura do incrível *Tudo é rio*, de Carla Madeira. Meu livro ficou todo grifado e marcado com *post-its*, e algumas frases ainda ressoam em meus ouvidos. Logo no início, a personagem Dalva, ainda adolescente, é invadida por uma insegurança arrebatadora após expor seu interesse ao amado e, imediatamente, ser acometida pelo terrível medo de não ser correspondida. Sem jamais terem trocado palavra alguma, amavam-se em segredo. Porém, o fantasma da rejeição rondava aquelas duas almas inseguras. Assim, fazer o primeiro movimento era um risco; e, quem o fizesse, estaria em posição vulnerável.

Porém, tem hora que o primeiro passo é o “tudo ou nada” de uma vida inteira; o chute certeiro nos 45 minutos do segundo tempo; a falta que, se não for cobrada, separará duas almas de forma irreversível.

No livro de Madeira, Dalva faz o primeiro movimento e, depois, tomada pela insegurança, se arrepende e morre de vergonha. Está vulnerável e muito constrangida. Prefere refugiar-se em casa a expor-se novamente. Pensamentos ruins a invadem, e ela adoece de paixão e dor. Dona Aurora, sua mãe, desconfia que a filha está apaixonada, e assim deixa a menina “enfrentar sua primeira correnteza”. É dela a frase: *Crescer nunca foi fácil, tem hora que o amor pode doer mais do que a dor.*

Qualquer um que já tenha passado dos 20 deve saber o quanto o amor pode doer. Algumas vezes mais, outras menos; de vez em quando nos traumatizando por curto tempo, outras vezes nos endurecendo para sempre. Em algumas circunstâncias nos fechando para novos relacionamentos; ocasionalmente nos fazendo valorizar quem nos quer bem. Em certos momentos doendo a conta-gotas, estendendo o prazo do sofrimento; em outras ocasiões dilacerando de uma vez, nos atirando para bem longe do relacionamento.

Porém, uma coisa é certa. Viver é uma dança de encontros e desencontros, alegrias e aflições, desejos e perdas, céu azul e tempestades, emoções e racionalidade, encantamento e desilusão, fé e descrença. Algumas vezes pensamos ter o controle de tudo, mas a existência vem em ondas, às vezes remanso; outras, correnteza.

Alguns quereres doem mais. São aqueles que desde o primeiro olhar nos dão a certeza de que vieram para ensinar, não permanecer. Amores que chegam mudando tudo de lugar – muito mais do lado de dentro que de fora – e dos quais não conseguimos fugir, por mais que algo nos alerte para correr. São aqueles que, embora tenham nos machucado, também despertaram alguma ternura e vontade de estar junto. E, não importa quanto tempo passe, irão sempre nos lembrar que não há lógica nenhuma na vida e no amor; pois, quando estão perto, temos dúvidas e os desejamos longe. Porém, quando vão embora, descobrimos que preferimos tê-los de forma imperfeita a não os ter de forma alguma...

Há os que andem pela floresta
e só tenham olhos para a lenha da lareira
Há os que se esquecem
que a vida é uma viagem rumo ao fim
e deixam de apreciar a vista
Estamos morrendo desde que chegamos
e é preciso usufruir o presente
sem ter olhos para o passado ou futuro
Tudo é caminho
travessia
Tudo é vista
Tudo é vida

# Moça, ocupa essa mente e coração. Não deixa a dependência emocional tirar seu brilho

Moça, não mantenha lugares desocupados dentro de você à espera de alguém. Pessoas vêm e vão, chegam e partem, se aproximam e se distanciam. Sempre foi assim, sempre será. Não pare sua vida por ninguém, não condicione sua felicidade à presença de alguém.

Às vezes a gente precisa perder tudo, ficar sem nada no coração, para aprender que é arriscado colocar a própria alegria nas mãos de alguém. Se esse alguém vem ou não, se esse alguém vai te amar ou não, se esse alguém vai te machucar ou não. Pessoas falham, amores acabam. A felicidade tem que ir além disso.

As pessoas falam tanto em se amar e não esperar nada de ninguém..., mas quando há sentimento, tudo fica mais difícil. As emoções têm o papel de nos proteger frente a um risco, nos conectar uns aos outros e permitir o pensamento reflexivo. Porém, quando elas estão embaralhadas ou intensas demais, as emoções nos deixam confusos, aflitos, agitados e muito inseguros. Gostar muito de alguém pode causar demência temporária, levar à burrice momentânea e cegueira transitória. Não aja por impulso nesses momentos, se afaste da situação e prefira o silêncio.

Sabe aqueles pensamentos que roubam a paz? Eles surgem quando suas emoções saem do controle. Então, moça, primeiro reconheça que você está fora de si. Que, quando esse coração se acalmar, você enxergará tudo com mais lucidez e compreensão. Então agora me dê sua mão. Desligue o celular, tire uma soneca, tome um banho morno ou se distraia com uma série nova de mistério. Tente se distanciar da situação que você vive e acalme esse coração com atividades que restabeleçam sua paz. Opte pelo silêncio e experimente focar sua energia em ficar mais bonita: teste um truque novo de maquiagem, faça um book de looks, invista num cropped colorido.

Eu sei que você gosta de colos e abraços, e que está perdendo o controle com o silêncio e a falta de respostas, mas tente não focar sua energia nisso. Em vez disso, experimente olhar para si mesmo(a). Cuidar da aparência parece futilidade, mas ficar bonito(a) ajuda demais nessas horas em que o celular não toca, as mensagens não chegam e o coração se contorce em desespero. Hidrate o cabelo, vá trabalhar com sua melhor roupa, borrife o perfume preferido nos pulsos.

Quando algo ainda não foi inventado ou não existe, a gente não sente falta. Porém, quando esse algo passa a existir, a gente se acostuma. E se, por um acaso, esse algo deixa de funcionar ou desaparece, a gente se desespera e morre um pouquinho como se não pudesse viver sem aquilo. Porém, antes aquilo não existia, e a gente vivia muito bem!

A gente tem que entender que é preciso se ocupar, se envolver, se interessar e se entreter com outras atividades, e não ficar na dependência do outro para sorrir, respirar ou simplesmente viver. É preciso fazer planos consigo mesmo, se libertar de inseguranças e se distrair a ponto de não exigir atenção para ser feliz.

O responsável por sua felicidade é você. Pessoas são complementos. Quando você deposita seu bem-estar em alguém ou numa relação, e deixa de se ocupar, se distrair ou simplesmente pensar por si mesmo, você trava o fluxo da sua vida e se desgasta inutilmente entregando toda sua alegria nas mãos de quem não tem a missão de cuidar dela.

Não foque toda sua energia – buscando desesperadamente o prazer e a cura de seus vazios – numa pessoa ou numa relação. Isso é desgastante para você e para o outro, e pode ser o suicídio da relação.

Você já tentou manter os cabelos arrumados quando o vento está soprando contra? Já experimentou nadar contra a correnteza? Já insistiu em algo sem reciprocidade alguma? Não há nada mais desgastante ou autodestrutivo que isso. Com o tempo a gente aprende a se cuidar, a se preservar e a poupar o próprio coração de sofrimentos desnecessários. Mas até lá, muita água pode rolar...

Moça, ocupa essa mente e coração. Não deixa a dependência emocional tirar seu brilho. Não perca seu equilíbrio, nem autorize que o medo ou a ansiedade tomem as rédeas da sua vida. Segure a impulsividade, faça pactos com o autocontrole e tenha um bloco de notas onde você possa chutar o balde e puxar a toalha, despejando tudo até que a calma se restabeleça e você possa pensar e agir friamente. Algumas coisas não valem um pingo da nossa energia, e abrir mão daquilo que desgasta a alma é questão de sabedoria.

Torço por você, moça: sonhar é bom, nos faz sentir mais completos; mas desejar e ser desejado, naquela fagulha de instante mágico em que os olhares se cruzam e você percebe que encontrou equilíbrio entre incerteza e tentação, sabedoria e insanidade, nos faz sentir mais vivos e fortes de uma maneira inimaginável...

Talvez a felicidade fosse isso, não procurar a alegria dos momentos sublimes, arrebatadores, imensos; e sim reconhecê-la nas circunstâncias miúdas, como quando alguém lhe sorri como forma de agradecimento ou quando você consegue baixar um arquivo importante em pouco tempo porque a internet estava boa. A alegria dos momentos grandiosos é rara, enquanto identificar a felicidade numa noite de chuva depois de 3 semanas de calor intenso é recorrente e, por isso, acessível e abundante...

# As crianças feridas que nos habitam

Recentemente assisti ao longa *Ninguém sabe que eu estou aqui* na Netflix, e o filme me trouxe várias reflexões. Confesso que tenho uma queda pelos anti-heróis, por pessoas com a vida meio fora dos eixos, emocionalmente confusos e melancólicos demais. Acho que esse tipo de personagem retrata melhor a vida real, que nem sempre é bonitinha, limpinha, com trilha sonora da Disney e final feliz. Gosto de enredos mais dramáticos, com protagonistas que carregam cicatrizes e dores profundas, geralmente com um passado difícil. Memo, o protagonista de *Ninguém sabe que estou aqui* é um desses personagens.

Interpretado pelo talentoso ator Jorge Garcia (conhecido mundialmente pelo personagem Hugo "Hurley" Reyes, da série *Lost*), Memo Garrido é um homem que vive isolado do resto do mundo, numa rotina de solidão e silêncio, carregada de dor e angústias de um passado traumático. Um homem que carrega – no físico e no espírito – as marcas da criança ferida que foi – e que ainda o habita.

Todos nós carregamos nossas crianças feridas. Alguns mais, outros menos, mas – invariavelmente – somos habitados por esses pequenos seres que fomos e que precisam ser curados.

Algumas situações despertam nosso "pior" lado. Alguns acontecimentos funcionam como chaves capazes de abrir nossos porões há muito tempo trancados. Algumas circunstâncias nos pegam pela mão e nos obrigam a encarar nossos fantasmas. Alguns gatilhos acordam nossas crianças feridas.

De repente você começa a se relacionar com alguém e – você, gata descolada, muito segura – volta a se comportar como uma menininha indefesa, dependente e muito carente. Você se pergunta o que aquela pessoa tem que a deixa tão vulnerável, e simplesmente não entende.

Gostar muito de alguém pode ser assustador. Pois, de alguma forma que é difícil compreender, os afetos nos conduzem a uma jornada em que revivemos a criança que fomos, e tudo o que ela – do jeito que pôde – entendeu da vida e assimilou como verdade.

Porém, não precisa ser ruim se você reconhecer que pode ser a chance de você se curar. De acolher sua criança interior e reformular a forma como ela experimentou a vida e aprendeu a lidar com seus assombros: abandono, rejeição, negligência, falta de confiança, medo de críticas, resistência a mudanças. De voltar ao quarto da infância e acender a luz. De revisitar os porões e abrir as janelas. De pegar pela mão a criança que chora sozinha no meio da rua escura e levá-la a um lugar seguro.

Perto de algumas pessoas voltamos a ficar vulneráveis. Perto de algumas pessoas voltamos a nos comportar "primitivamente", feito animais ameaçados. Algumas situações funcionam como gatilhos, capazes de trazer à tona aquilo que levamos anos tentando superar. É tentador autossabotar relacionamentos que despertam nosso lado menos bonito. Porém, pode ser a oportunidade de reconhecermos nossas feridas e, com autoconhecimento, curá-las.

Alguns encontros nos deixam à flor da pele, despertam gatilhos de dor, exigem respostas que não temos. Podemos fugir desses encontros; continuar agindo como pessoas desequilibradas ou, ao contrário de todas as previsões, reconhecer que há um trauma encoberto e ir atrás da cura.

*Você está segura agora. Nós estamos seguras agora* – repito, quase diariamente, para a criança que me habita. Já não há mais abandono, desamparo, negligência; pois cresci, e sei cuidar de nós duas. Já não há mais rejeição, medo de não ser aceita, medo de errar, pois vencemos e estamos bem, em paz. Já não é tão pesado, nem difícil, nem solitário, pois estamos juntas. E isso é tudo.

Meu corpo não merece ser sepulcro de uma ausência
caixão de lembranças mortas
túmulo de promessas não cumpridas.

Quero a sorte de ser habitada
pela consideração
que não precisou ser cobrada;
pela presença
que vem de graça;
pela leveza
que permeia as relações saudáveis

# Não fiquem estranhos do nada

Vocês têm um desentendimento na segunda. Na terça, voltam a conversar normalmente, e tudo fica bem. Na quarta, você manda uma mensagem carinhosa e ele responde na hora, porém demonstra frieza. Na quinta vocês se veem e ele está sorridente e carinhoso. Na sexta você manda um áudio contando sobre seu dia, fazendo perguntas, interagindo e sendo amável. Ele ouve o áudio e não responde. Passam-se horas e nada. Você pergunta se está tudo bem, e ele diz que esteve ocupado, por isso não respondeu. Você entende, mas bate uma insegurança. Ele é seco, e diz: "não crie expectativas". Você sabe disso, evita criar expectativas ao máximo, mas a situação toda é um desafio. Ele te acusa de insegura, e diz que ninguém nessa vida vai controlá-lo. Você não entende, pois não se trata de controle e sim de falta de entendimento. O que faz alguém mudar assim, do nada?

Se você se importa com a pessoa que está ao seu lado; ou, mais ainda, se você valoriza essa pessoa e não quer perdê-la, você fará de tudo para não a magoar, e levará em consideração os sentimentos dela e a fé que ela deposita em você. Dizer "não crie expectativas" para alguém é o mesmo que afirmar: não espere nada de mim, pois não temos vínculos suficientes para eu me importar com você. Ou: não se iluda comigo, eu posso te magoar a qualquer momento. É normal e aceitável falarmos "não crie expectativas" para um ficante que está começando a se relacionar conosco e ainda não temos certeza se aquele relacionamento vai valer a pena ou não. "Não crie expectativas, pois ainda não temos algo sério, e eu não vou me esforçar para corresponder aos seus anseios."

É lógico que a gente tem que ter responsabilidade afetiva com a gente mesmo. Não nos arriscar em lugares que a gente sabe que vai se machucar. Porém, em relacionamentos longos e estáveis, se alguém diz: "não crie expectativas", é porque esse alguém não valoriza o vínculo tanto quanto você. Simples assim.

"Não se iluda comigo. Posso te tratar bem num dia, no outro ignorar suas mensagens, na semana seguinte ser um cavalheiro, no fim de semana sumir sem deixar rastros. Posso fazer o que bem entender e, se você me cobrar, vou dizer que odeio controle. Te acusarei de insegura, e deixarei bem claro que não me responsabilizo por suas expectativas. Não se iluda comigo. Eu não me importo se te confundo ou brinco com seus sentimentos."

Não fiquem estranhos do nada. Mudanças de comportamento muito grandes, de uma hora pra outra, geram insegurança até em quem não é inseguro. Além disso, falta de resposta também é uma resposta. Ignorar uma mensagem (por horas, dias ou eternamente) não é só falta de educação, e sim falta de consideração. Cada caso é um caso, mas dependendo da situação, pode ser o estopim para o fim.

Relacionamento não é lugar de ficar na defensiva, com medo de que lhe coloquem um cabresto e perca as rédeas da própria vida. Vínculos se formam gratuitamente, com reciprocidade, investimento, atenção. Uma pessoa saudável não exigirá de você o suprimento de todas as suas necessidades, expectativas, desejos e vontades. Talvez ela deseje apenas o essencial (que você não oscile tanto, nem fique estranho do nada). Sendo assim, não se apavore por tão pouco, nem fuja ao menor sinal de reivindicação.

Relacionamentos precisam ser leves, transparentes, agradáveis. Se você vive com medo, desconfiado da outra pessoa e temeroso de que a qualquer momento ela possa te dominar, melhor desistir. Nem todo mundo quer te controlar, nem todo mundo quer investigar sua vida, o universo não gira em torno do seu umbigo. Relaxe, saiba ser amável sem receio de que isso o torne vulnerável.

Finalmente, fico com os versos da grande Marília Mendonça. Em poucas palavras, ela disse tudo: *Preocupa não; pra um bom entendedor, meia ausência basta...*

É preciso trazer ao alcance dos sentidos
a textura da coragem
a doçura do silêncio
os sons da tranquilidade
a imagem da esperança

# Términos são difíceis. Términos quando ainda há amor, mais ainda

Ontem, durante a visita habitual às minhas redes sociais, me deparei com um dos assuntos mais comentados da semana: a separação conturbada de Lara Nesteruk. Pra quem não sabe, Lara é nutricionista e influenciadora digital, com milhões de seguidores no Instagram. Na web, a profissional é conhecida por abordar temas como relacionamentos e qualidade de vida. Se expõe de maneira franca e muito intensa, e em seu site se define: "Se fosse para resumir, eu diria: opero em intensidade. Não há Lara sem exagero!".

Términos são difíceis. Términos quando ainda há amor, mais ainda. Términos quando há amor e também muita mágoa, decepção, frustração e sensação de abandono... são indescritíveis. Porém, por mais tentador que seja gritar nossa dor ao mundo nesse momento de luto extremo e muita solidão, a melhor atitude é, ainda, silenciar. Abraçar quem ainda permanece ao nosso lado, chorar, dormir, rezar, dizer que nunca mais vai amar. Mas, ainda assim, não cair na tentação de colocar nossa dor no palanque das redes sociais.

Qualquer um que já tenha trilhado a vida por tempo suficiente para experimentar qualquer tipo de luto, desde a derrota do time campeão à morte de um ente querido, sabe o quão difícil é ter nossos sonhos ceifados pela finitude das coisas e da vida. Nos espantamos com a morte, ainda que saibamos que é nosso destino inevitável. Nos comovemos com a dor de nossos ídolos, e revisitamos nossas próprias dores quando Neymar chora, desolado, em campo; ou quando Lara se desespera, abatida e incrédula, no Instagram.

A dor do abandono de Lara se transforma em lágrimas, raiva, barganha, perdão, raiva novamente, mágoa, lavação de roupa suja, tristeza extrema, vitimismo, perdão novamente, culpa, raiva excessiva, dor aguda, lágrimas abundantes, esperança de reconciliação, ódio, raiva novamente... e por aí vai. Sedentos por um final feliz, torcemos para que a mocinha fique bem, e reconstrua-se emocionalmente longe de quem lhe causou tanta dor. Porém, por mais que projetemos nela a expectativa de nossa cura emocional, o desfecho de cada história é particular e individual.

O que podemos aprender com a dor do abandono de Lara Nesteruk é que a vida, às vezes, é mais parecida com trator do que com carro conversível. E por mais que a gente prefira o vento no rosto numa estrada arborizada, de vez em quando teremos que arranjar forças de onde nem sabíamos existir para reconstruir nosso emocional fraturado pelas rodas gigantes do caminhão. Mas a gente consegue. Mesmo que no momento pareça que nunca mais seremos felizes de novo, a gente consegue.

A mesma vida que tira, também nos dá. A mesma estrada que nos sacode e faz comer poeira, em outro momento pode nos conduzir ao melhor lugar. Vida é gangorra, nos leva do chão ao céu em instantes, e pode nos ensinar a nos preservar, a não entregar nosso coração de bandeja para qualquer um, a nos amar em primeiro lugar.

Torço para que Lara consiga colar seus cacos. E que, do mesmo modo que expôs sua dor, também brinde aos recomeços. Não aquele da cura instantânea, mas o da melhoria gradual que só o tempo proporciona. O luto pelo fim de um relacionamento é o mergulho em todos os nossos lutos anteriores; a reabertura de baús que queríamos que ficassem fechados para sempre; a revisita a dores que pareciam curadas; e, finalmente, pode ser o entendimento de nossos processos emocionais, o encerramento necessário para que a história não se repita jamais.

Você não pode ser definido

pelas definições

que outras pessoas têm sobre você

As pessoas o definem

a partir das experiências ***delas***

e o classificam

a partir das projeções ***delas***

Mas somente **você** sabe quem é de fato

# Gaslight: quando alguém tenta apagar seu brilho para que possa ter uma mísera luz

Camila era um "mulherão". Cabelos longos, corpo escultural, curvas acentuadas. Sorriso farto com dentes alinhados e muito brancos. Bonita, simpática, inteligente. Trabalhava de segunda a sexta como secretária em um consultório médico, e aos fins de semana frequentava rodas de samba. Era admirada e apreciada por homens e mulheres, tanto pela beleza física quanto pelo carisma, energia e alegria. Pra ela, não tinha "tempo ruim". Era dedicada, esforçada e tinha chegado aonde chegou através de muito esforço, dedicação, trabalho árduo e muito suor. Porém, as oportunidades tinham sido escassas, e ela só havia completado o ensino médio. Não tinha feito faculdade, mas isso não diminuía sua competência e seu valor, e ela sabia disso. Se orgulhava de sua jornada, e tinha consciência de sua grandeza.

Aos trinta anos, Camila se apaixonou. No início, Leo parecia ser o cara perfeito, do tipo sem nenhum defeito. Aos poucos, porém, tudo mudou. E Camila – a mulher linda e cheia de dons – passou a duvidar de si mesma, a questionar suas qualidades, a desacreditar seu valor, a convencer a si mesma de que era ignorante e feia. E de que Leo sabia mesmo das coisas: ela era uma fraude, uma impostora, e nada iria mudar isso.

Apesar da autoestima elevada e da ciência de seus dons, Camila tinha se permitido ficar "nas mãos" de Leo. E ele, um homem de poucos atributos físicos, mas dono da lábia perfeita, estava com a faca e o queijo nas mãos. Para não se sentir inferiorizado pelo "mulherão", precisava rebaixá-la. Começou com pequenos "toques", dizendo que ela não sabia escrever direito (logo ele, que nunca soube a diferença entre "mal" e "mau"), até chegar ao cúmulo de criticar a forma como ela sambava e se vestia para as rodas de samba. Aos poucos a alegria de Camila foi sendo substituída pelo medo e incerteza, até culminar na completa dependência da aprovação de Leo; ou melhor, submissa ao julgamento dele, que só a diminuía.

Em 1944, a atriz Ingrid Bergman ganhou seu primeiro Oscar com o filme *Gaslight* (*À Meia-Luz* em português), interpretando a personagem Paula Alquist. Na trama, ela é manipulada por seu marido a acreditar que está enlouquecendo. Graças ao filme, o termo "gaslight" é conhecido até hoje, mais de 80 anos depois, como um tipo de manipulação psicológica no qual um dos parceiros cria situações para que o outro sinta-se inseguro, amedrontado e desestabilizado emocionalmente em próprio benefício. A pessoa consegue convencer a vítima a questionar a própria sanidade, memória ou percepções das coisas.

Alguns assassinatos acontecem silenciosamente, sutilmente, sem que ninguém perceba. Minúsculos assassinatos acontecem quando alguém tenta diminuir e até apagar seu brilho para que possa sentir-se melhor consigo mesmo. Infelizmente, alguns relacionamentos são assim. Porém, relacionamento algum deveria fazer você duvidar de si mesma e de seu valor. Relacionamento algum deveria fazer você questionar sua jornada, seus talentos e seus dons. Relacionamento algum deveria diminuir sua autoconfiança e autoestima. Relacionamento algum deveria subtrair vida da sua vida.

Se alguém precisa te diminuir, te fazer duvidar do próprio valor, te fazer perder a fé em si mesma... se alguém te confunde a ponto de achar que está enlouquecendo ou que é uma impostora... se alguém faz você sentir-se insegura, esquecida e até enlouquecida... se alguém te chama de doida, diz que você tem gênio difícil, fala para os amigos que a culpa é sua, te acusa de insegura, sentimental e emocional... se alguém mina sua autoconfiança e autoestima e depois te acusa de insegura e indecisa... talvez essa pessoa tenha problemas, e precise apagar seu brilho para que possa ter alguma mísera luz.

É sempre bom ter um pé atrás com quem costuma dizer que a ex é "louca", ou com pessoas que vivem se apresentando como vítimas da situação. Cada caso é um caso, mas como diz a letra da música *A culpa é nossa* (interpretada lindamente pela dupla Maiara e Maraísa), algumas pessoas invertem o jogo e nunca admitem seus erros, querendo sempre sair como os "mocinhos" da história...

Pessoas machucadas encontrarão ameaças em tudo.
qualquer palavra ouvida poderá ser distorcida;
qualquer silêncio poderá soar como abandono;
qualquer demora poderá significar rejeição.

Nem tudo é sobre você — o que vai dentro do outro, só ele sabe. E alguns atrasos, ausências e falta de tato — pontuais — nem sempre significam desamor.

A dor profunda e mal curada distorce a realidade
e podemos afastar as pessoas que mais amamos
simplesmente porque elas acessam feridas antigas
que precisamos curar.
Quando as ações de alguém
nos afetarem além da conta,
talvez seja hora de nos perguntarmos:
a culpa é realmente do outro
ou estou com tanto medo
que vejo ameaça em tudo?
Amar muito alguém pode ser assustador
pois reabre machucados antigos

e nos obriga a acessar porões

há muito tempo fechados.

Mas pode ser uma grande oportunidade de evoluirmos

e nos curarmos —

não do amor que sentimos por essa pessoa —

mas sim do abismo

que ainda nos habita

# Algumas pessoas vão preferir te perder a se responsabilizar pelos próprios erros

Errar faz parte da vida. Assim como o descontrole emocional, a palavra atravessada, o atraso quando a pontualidade era essencial, a escolha impensada, a ausência no momento especial, o silêncio que machucou, o esquecimento que feriu. Todos nós estamos sujeitos a falhas — e tudo bem. Faz parte do processo de ser humano.

O erro é parte do caminho — e não há quem caminhe sem tropeçar vez ou outra.

Mas reconhecer o erro... ah, isso é para poucos.

Tem gente que prefere empurrar a culpa para o outro a encarar o próprio reflexo com honestidade. Gente que veste o orgulho como escudo, e não percebe que o que protege também aprisiona. São aqueles que, mesmo sabendo que erraram, encontram mil razões para justificar a própria falha — e, de quebra, ainda colocam o outro no banco dos réus.

A autorresponsabilidade é o nome desse gesto raro e bonito: assumir a própria parte nas dores e desencontros, sem transferir culpa nem distorcer os fatos. É quando alguém se despe da vaidade, olha para dentro com coragem, e diz: *fui eu, eu errei, me perdoe.*

Quanto mais amadurecemos, mais compreendemos que pedir perdão não é fraqueza — é força. Não nos diminui — nos eleva. Não nos envergonha — nos humaniza. Porque só quem tem grandeza reconhece suas próprias sombras sem projetá-las em ninguém.

Mas nem todos escolhem esse caminho. Alguns preferem se afastar do que admitir que falharam. Perdem amores, amizades, encontros de alma... tudo para não se curvarem diante de um gesto simples: assumir a própria responsabilidade. Dizem que foi o outro quem exagerou, quem pressionou, quem começou. Inventam razões para não ter que se enxergar como são: humanos, limitados, imperfeitos — como todos nós.

E se você for o alvo desses desvios, saiba: não é orgulho se afastar de quem não sabe pedir perdão. É amor-próprio. Amor que entende que paz de verdade não se alcança se ferindo para manter o outro inteiro. Amor que sabe que não há relação que resista quando só um lado se responsabiliza — e o outro, comodamente, se omite.

Porque paz que custa a nossa verdade não vale o preço.

Quero uma vida imperfeita. Uma vida cheia de contradições, percalços, desafios, conquistas e derrotas. Uma vida sem listas de prós e contras, mas repleta do bom e do ruim: uma vida interessante, ousada, que flerta com a coragem de se arriscar e não evita a si mesma por medo de errar. Uma vida que não se refugia na fantasia, mas que busca satisfação no que é de verdade

# Avarentos Afetivos

Dia desses, conversando com amigos, falávamos sobre nosso desempenho escolar no passado. Entre risos, um deles confessou: "Eu era um péssimo aluno. Fazia de propósito. Assim minha mãe aprendia a esperar pouco de mim e deixava de cobrar. De vez em quando eu ia bem numa prova, e isso virava motivo de festa: ela ficava feliz com o mínimo"

Fiquei pensando como essa estratégia — a de entregar o mínimo para não gerar expectativa — ultrapassa os muros da escola e se instala, sorrateira, nos afetos.

Porque tem gente que faz exatamente isso nos relacionamentos. Entrega pouco. Fala pouco. Demonstra pouco. E, vez ou outra, quando aparece com um gesto de carinho ou uma mensagem fora do comum, vira um evento. Uma surpresa boa. Uma espécie de prêmio por estar suportando a escassez.

Mas viver com quem oferece o mínimo, com o tempo, deixa de ser surpresa e passa a ser cansaço.

Tem gente que se protege tanto, que sente medo até de gostar. Medo de se mostrar. Medo de se entregar. Medo de perder a liberdade. Medo de parecer fraco, vulnerável ou disponível demais.

A relação já está ali, firme há anos, mas a entrega nunca acontece por inteiro. O outro se acostuma com uma presença pela metade. Um afeto com freio de mão puxado. Um vínculo em modo econômico.

Não compartilham banalidades, porque acham que isso já é demais. Não se abrem, porque sentem que qualquer coisa pode ser usada contra eles. Respondem, mas não perguntam. Estão ali, mas nunca por inteiro.

A gente fala tanto dos carentes, dos "mendigos afetivos" — mas pouco se fala dos avarentos afetivos.

Aqueles que guardam tudo pra si. Que nunca tomam a iniciativa. Que não se arriscam. Que mantêm a porta entreaberta — para não te perder — mas também nunca a escancaram.

O medo de se envolver é tanto que qualquer tentativa de conversa é interpretada como cobrança. Qualquer desejo de proximidade vira incômodo. Qualquer ajuste é recebido como crítica.

E nessa tentativa de se proteger, acabam perdendo o melhor.

Porque quem se protege demais do amor, acaba se privando da experiência mais profunda de todas: a de ser visto de verdade.

Avarentos afetivos não se permitem viver o que é inteiro. Estão sempre contando palavras, gestos e sentimentos. Acham que dar demais é se expor demais. Mas esquecem que é justamente nessa exposição que mora a beleza do encontro.

Assim como o menino que não estuda para que ninguém espere nada dele, os avarentos afetivos vivem no medo de decepcionar — mas, no fundo, decepcionam a si mesmos.

E seguem por aí, colecionando relações pela metade.

Quem dera você se importasse em se explicar

Quem dera você pudesse esclarecer o mal-entendido, o mal-estar

Quem dera você quisesse colocar os pingos nos is

Quem dera você entendesse que conversas difíceis fazem parte de relacionamentos saudáveis

Quem dera você se importasse com meu bem-estar

Quem dera você não deixasse nenhuma minhoca da minha cabeça crescer e prosperar

# Há pessoas que fazem questão, pessoas que "tanto faz" e pessoas que simplesmente não se importam

Essa semana recebi um áudio de uma grande amiga. Ela respondia a um convite dizendo que fazia questão de viajar mais de 200 km para me encontrar e me dar um abraço de feliz aniversário. E complementava: "Às vezes a gente precisa de um pretexto para ir, porque a vida vai rolando, vai acontecendo uma coisa, outra... a gente vai adiando, e quando tem uma ocasião importante, a gente dá um jeitinho e vai". Me lembrou o texto *Vá aos Encontros Felizes*, da escritora Monica Moro Harger, outra amiga que admiro demais.

Demorei a aprender que há pessoas que fazem questão; pessoas que "tanto faz" e pessoas que simplesmente não se importam. Demorei a aprender a diferenciar essas pessoas e a distinguir a real importância que deveria dar a cada uma delas. Demorei a descobrir que todas elas podem fazer parte da minha vida; porém, em prateleiras diferentes.

Se você gosta de alguém, você investe nessa pessoa. Não é preciso gestos exagerados, mas ter a mínima noção de reciprocidade já é meio caminho andado. Se alguém que você ama te prioriza, em algum momento você terá que priorizá-la também. Se alguém que você valoriza te presenteia, em alguma oportunidade você deveria presenteá-la também. Se alguém que é importante para você faz de tudo para estar por perto – driblando falta de tempo, grana apertada e distância – uma hora você terá que se esforçar e até se sacrificar para estar com ela também. Não é difícil. Porém, muitas pessoas acham complicado. E em vez de investir, só esperam receber.

Pessoas falham, cometem erros, machucam umas às outras sem querer machucar. Um dia você vai decepcionar alguém porque não soube ser quem ela esperava que você fosse, e você vai sofrer porque não queria magoá-la. Faz parte, e está tudo bem. Um dia somos quem fere, outro dia somos os feridos. Porém, é preciso aprender a distinguir um descuido de um comportamento recorrente. Algumas pessoas simplesmente não se importam, e você precisa aprender a se proteger e se resguardar. Algumas pessoas não gostam de você, e sim da utilidade que você tem para elas. É triste, mas real.

Andei tirando algumas pessoas da minha vida. Não por maldade, e sim por proteção e economia de energia. Nem todo mundo torce por nós, nem todo mundo investe no relacionamento que tem conosco da forma que esperamos e acreditamos que merecemos. É preciso desocupar o coração para acolher o que é recíproco e verdadeiro.

Já dei meu coração e minha confiança de bandeja a tanta gente que não merecia, que enfim aprendi. A gente amadurece. E aprende que bom mesmo é estar rodeado de pessoas que fazem questão da gente. Pessoas que ficam porque querem ficar; que vêm porque querem vir, que investem porque adoram ver a gente feliz.

A vida dando certo ou não,

tome seu banho

escove seus dentes

assista a uma série

prepare uma refeição ou bebida confortável

leia um livro

relaxe sem culpa

preserve sua paz

# Coloquei meu coração em modo de economia de energia

Coloquei meu coração em *stand by*. Desisto de tomar decisões emocionais, sangrar frente à primeira decepção, ficar à flor da pele por motivos banais. Vou parar de expor minhas feridas, fazer palco das minhas angústias, confidenciar minhas fraquezas na fila do pão. Desejo que os sentimentos confusos deem lugar a decisões inteligentes, e que a bateria do meu coração funcione em modo de economia de energia para que eu possa enxergar com clareza e compreensão.

Coloquei meu coração em modo de economia de energia. Desejo que ele tire férias merecidas, longe do binóculo alheio e confortável em seu ócio incomum. Que abdique de seu governo por algum tempo, e siga batendo num ritmo constante, sem oscilações impactantes por motivos sentimentais.

Segundo o dicionário Oxford Languages, *stand by* significa: *que ou aquele que não tem reserva confirmada num avião de linha e só é admitido caso haja lugar sobrando*. Assim, deixo meu coração na reserva, e peço que minha mente assuma o assento principal. Que haja trégua de minha reatividade, pacificação de minhas inseguranças, descanso de meus temores, sossego de minhas aflições, pausa de minha ansiedade.

O coração da gente também precisa de descanso, de funcionar à meia-luz, com a bateria em modo de economia. O som de fora precisa ficar baixinho, e as persianas da alma devem criar um ambiente de aconchego e proteção. Coração é terra que não pode ser pisada de qualquer jeito, senão fica magoado. De vez em quando é preciso pausar o tempo, deixar a mente assumir o controle e fazer o coração repousar.

Coloquei meu coração em modo de economia de energia. Vou reduzir a atividade de minha ansiedade, suspender a ação de minha insegurança, interromper o ciclo vicioso de minha obsessão. Que meu coração filtre o que merece ser valorizado, e não se desgaste com o que não acrescenta nem agrega. Que seu brilho máximo seja usado para o prazer e a alegria, e que funcione à meia-luz e em baixa velocidade para tudo que necessito me desapegar e deixar ir.

Às vezes é preciso deixar o coração repousar e esfriar. Não para fugir, mas para permitir que a mente glacial assuma as rédeas. É preciso deitar a reatividade no travesseiro, oferecer lençóis limpos e cheirosos para a impulsividade, colocar as emoções em banho-maria e desligar a chave da precipitação. Não tomar decisões emocionais, baixar a poeira da ansiedade e raciocinar sem perder o ar, buscando respostas longe do burburinho sentimental. Às vezes o sangue ferve tanto que chega a fritar os miolos do raciocínio. Ficamos cegos, e só o tempo é capaz de restaurar a paz.

O coração só deve ficar aquecido de alegria e afeto. Um coração em chamas, porém, pode danificar a si mesmo profundamente, além de destruir relacionamentos e pessoas. O coração da gente também precisa ser poupado e resfriado. Necessita de pausas, de quietude e desaceleração.

Coloquei meu coração em modo de economia de energia para que ele não sangrasse frente à primeira frustração; ou não caísse de cama, doente, quando meu time não fosse campeão. Depois de aprender as regras do jogo, desejo fazer parte da festa, e dançar ao som de Gonzaguinha *sem vergonha de ser feliz...* Quero um coração-tamborim, cheio de ginga e jogo de cintura para que meu sorriso não seja facilmente roubado, e para que a vida seja contada de forma leve, ainda que sobrem perguntas sem nenhuma resposta – *a beleza de ser um eterno aprendiz...*

# Leia também

FABÍOLA SIMÕES
MELODIA DE TROVÕES
Dizem que o raio não cai duas vezes no mesmo lugar
FARO EDITORIAL

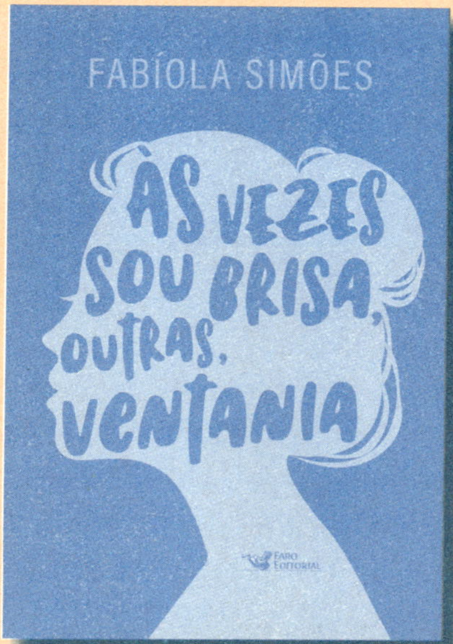
FABÍOLA SIMÕES
ÀS VEZES SOU BRISA, OUTRAS, VENTANIA
FARO EDITORIAL

FABÍOLA SIMÕES
AUTORA DO BEST-SELLER DEIXEI MEU CORAÇÃO EM MODO AVIÃO
TEXTOS PARA ACALMAR TEMPESTADES
FARO EDITORIAL

FABÍOLA SIMÕES
DEIXEI MEU CORAÇÃO EM MODO AVIÃO
EM UM RELACIONAMENTO SÉRIO COM A PAZ.
& ESCOLHER TORNAR A VIDA ALGO BOM.
FARO EDITORIAL

FABÍOLA SIMÕES
A SOMA DE TODOS OS AFETOS
FARO EDITORIAL

ESTA OBRA FOI IMPRESSA
EM AGOSTO DE 2025